TSUTAYA JUZABURO'S INSIGHTS

—

蔦屋重三郎の慧眼《けいがん》

—

車 浮代 著

Discover

はじめに

蔦屋重三郎《つたやじゅうざぶろう》（一七五〇年〜一七九七年）は、日本が世界に誇る浮世絵師・喜多川歌麿《きたがわうたまろ》、葛飾北斎《かつしかほくさい》らの才能を見出し、東洲斎写楽《とうしゅうさいしゃらく》を謎の絵師として売り出した人物である。

江戸（東京）・日本橋《にほんばし》にあった版元（出版社と書店が一つになったような業態）のトップであり、〝江戸のメディア王〟とも言われる。

蔦屋重三郎（以下、通称の蔦重で呼ぶ）がプロデュースした浮世絵はヨーロッパに渡り、やがてパリ画壇を揺るがせる印象派の誕生とともに、ジャポニスムブームをつくったことは、周知の事実だろう。

浮世絵師四天王のうち三人のプロデュースに関わる

浮世絵師は、江戸時代だけで千二百人ほどいたといわれる。

なかでも、浮世絵師四天王と呼ばれるのは、喜多川歌麿、葛飾北斎、東洲斎写楽、歌川広重《うたがわひろしげ》の四人だ。

そのうちの三人のプロデュースに蔦重が関わっている。

彼のプロデュース力が、いかに抜きん出ているかがわかるだろう（ちなみに、あとの一人の歌川広重は、蔦重が亡くなった年に生まれているので関わりようがない）。

ただ、プロデューサーという影の立場だからか、蔦重の名はなかなか後世には知られていなかった。

かくいう私も、本格的に浮世絵について学びたいと考えた二十代後半まで、蔦重の名前どころか、江戸時代に版元という業態があったことも知らなかった。

『大浮世絵展』での職人技の実演

かつて大阪の総合印刷会社でアートディレクターをしていた私は、クライアントの美術館が開催した『大浮世絵展』で、東京から招いた摺師《すりし》の方の実演を見て、初めて浮世絵版画が摺られていく工程を知った。

摺師の方が話される様子は、下町の職人言葉で時代劇そのもの。江戸っ子口調で、絵具や馬連《ばれん》の作り方、ドーサ引きの方法などを解説しながら、喜多川歌麿の「ビードロを吹く女」が摺られていく。

そのさまは「これぞ職人技！」と思える鮮やかなものだった。

何色摺り重ねても色がずれない。そうした摺師の仕事もさることながら、一ミリの間に三本という、女性の髪の生え際の細かな線を彫り残す、彫師の超絶技巧にも痺れた。

また絵師は「下絵」と呼ばれる墨一色の線画だけを描く。あとは朱墨で色指定するだけだ。フルカラーの絵を描くわけではない。このことも、目から鱗《うろこ》であった。美大出身ということもあり、「錦絵《にしきえ》」（多色摺の浮世絵のこと）が「木版印刷」であることぐらいは理解していた。だが、現在の木版画家の制作工程のように、作者がカラーで完成図を描き、自身で木版画作品を仕上げるものだと思い込んでいた。

従って、図柄を決めるのも、仕上がりをチェックするのも浮世絵師本人だろう、と。ところが調べてみると、そうではなかった。

錦絵のテーマを決めるのも、浮世絵師に依頼するのも、彫師や摺師を選定するのも、出来上がった錦絵を販売するのも版元の仕事だったのだ。

つまり、浮世絵師が腕を振るえるかどうかは版元しだい、というわけだ。

世界的名作の多くが蔦重の版元から

浮世絵の過程に、近代の印刷工程との類似点をたくさん発見した私は、すっかり浮世絵の虜になった。やがて世界的名作の多くが、蔦屋重三郎が興した版元・蔦屋耕書堂《こうしょどう》から刊行されていたことに気づき、がぜん彼に興味が湧いた。

さらに言えば、世界的価値が高いために錦絵に注目されがちだが、蔦重の仕事の中で、実は、錦絵の比重はさほど高くはない。爆発的ヒットを生み出した歌麿の「美人大首絵」シリーズは、数え四十二歳を過ぎてからの仕事だ。謎の絵師・写楽を売り出したのは数え四十五歳の時。蔦重は数え四十八歳で亡くなるため、晩年といって差し支えないだろう。

ではそれまで何をしていたか。

朋誠堂《ほうせいどう》喜三二《きさんじ》や恋川春町《こいかわはるまち》らの作家に依頼して、狂歌絵本や黄表紙（イラストが主体のライトノベル。漫画の源流でもある）、洒落本（遊里をテーマに書いた本）などでベストセラーを連発し、ブームを作ったのだ。

吉原《よしわら》で育った孤児が、である。

そう、蔦重は江戸で唯一、幕府に公認された遊郭《ゆうかく》（遊女を集めた場所）として有名な、吉原で生まれた。

吉原生まれ吉原育ち

一七五〇年、吉原生まれの蔦屋重三郎は、幼名を「柯理」といった。読み方には、「あり」と「からまる」の二説ある。

数え七歳の時に、両親が離婚し、吉原に置き去りにされた。

その後、引手茶屋を経営していた喜多川氏の養子になった。とはいえ、跡取りである義兄がいたため、ていのいい下働きだったのだろう。

一七七二年、数え二十三歳のときに、大門近くの茶屋「蔦屋」の軒先を借りて始めたのが、書店兼貸本屋だった。

何も持たず、何者でもなかった若造が、仏教でいう忘己利他《もうこりた》（人のために尽くす）の精神で始めた出版業。

幕府も認めた遊郭でありながら廃《すた》れゆく吉原を、幼い頃に売られてきた不遇な娘たちを、なんとかしたいと願う気持ちが、彼を突き動かしたのだろう。

翳《かげ》りが見えていた吉原だったが、蔦重の登場により、往年の勢いを取り戻し、やがて活気づいていった。

『吉原細見《よしわらさいけん》』（吉原のガイドブックのこと）の編集長を任された際は、序文を時の人・平賀源内《ひらがげんない》に依頼して話題をさらった。

大物絵師の北尾重政《きたおしげまさ》を起用して、『一目千本《ひとめせんぼん》』という、遊女を花になぞらえた遊女評判記をつくり、この本欲しさに客が吉原に来るように仕向けた。

蔦屋重三郎の名が江戸市中に知られるようになったのは、一七七六年刊行の『青楼美人合姿鏡《せいろうびじんあわせすがたかがみ》』という、部屋ごとの花魁《おいらん》たちの日常を錦絵にした豪華本によってである。

絵師には北尾重政に加え、重政と双璧をなす勝川春章《かつかわしゅんしょう》が担当、大物絵師の共作は大きな話題を呼んだ。

他にも、「俄《にわか》」や「玉菊灯籠《たまぎくどうろう》」といった、吉原名物のイベント本を作り、人寄せに成功している。

吉原関連本だけでなく、狂歌師たちを取り込み、狂歌絵本や黄表紙を刊行し、話題を呼んでいくのはこの後である。

これらの人材を確保し、ガイド、教科書、浄瑠璃本で確実に資金を蓄えつつ、時流に乗った目新しい企画を次々に打ち出し、ベストセラーを連発した。

時代は、田沼意次から松平定信へ

しかしそれも長くは続かなかった。

商工業を推奨していた文化華やぐ田沼意次《たぬまおきつぐ》の時代から、質素倹約を掲げ堅苦しい規制だらけの松平定信《まつだいらさだのぶ》の時代に変わったからである。

時代が移り変わる最中、蔦重は不満を募らせる大衆のために、胸のすくような政権批判の本を次々と世に出した。

朋誠堂喜三二の『文武二道万石通《ぶんぶにどうまんごくどおし》』と、恋川春町の『鸚鵡返文武二道《おうむがえしぶんぶのふたみち》』がそれである。

山東京伝《さんとうきょうでん》の洒落本は絶版となり、歌麿の「美人大首絵」にもことごとく規制がかけられたが、それをかいくぐろうと工夫を重ねた。

幕府から強い規制がかかった芝居小屋（現在の歌舞伎）のピンチには、炎上商法ともとれる、写楽の滑稽な役者絵シリーズを売り出し、話題をつくった。

そのため、幕府により財産を半分没収されたこともある。

それでも、網をすり抜けるようにして、あの手この手で規制の上をいく知恵をしぼり、作品の質を落とさなかった。

その道半ばともいえる一七九七年、蔦重は世を去った。数え四十八歳という若さだった。

死因は脚気《かっけ》。江戸時代、裕福な人間しかかからなかった病のため「江戸わずらい」「贅沢病《ぜいたくびょう》」と呼ばれた病だった。

漫画やライトノベルなどの日本文化の源流

蔦重が見出し、スターにした喜多川歌麿。

わずか十か月の活動期間ながら、強烈な印象を残した写楽。

スターになる前に面倒を見ていた葛飾北斎は、蔦重の死後、やはり彼が面倒を見ていた曲亭馬琴《きょくていばきん》とのタッグによりベストセラーを生み、大絵師と大作家に上り詰めた。馬琴の『南総里見八犬伝《なんそうさとみはっけんでん》』はあまりにも有名だ。

その馬琴と、やはり蔦屋に寄宿していた十返舎一九《じっぺんしゃいっく》は、蔦重が執筆料制度を作ったことにより、日本で初めて文筆業だけで生計が立てられる作家となった。

おかげで一九が『東海道中膝栗毛《とうかいどうちゅうひざくりげ》』という大作を生み出すことができたと言えるのではないか。

狂歌絵本や黄表紙は、イラストが主体であり、いまでいうライトノベル。漫画の源流でもある。

日本がいまや世界に誇るコンテンツの大本となる文化を江戸時代につくったのが蔦重なのだ。

蔦重のすごさ

二〇二五年放送のＮＨＫ大河ドラマ『べらぼう〜蔦重栄華《つたじゅうえいが》乃《の》夢噺《ゆめばなし》〜』のおかげで、すっかり有名になった蔦屋重三郎。

各種書籍や浮世絵などの出版物全般の企画から、作家や絵師など、クリエイターの育成と人選、編集、摺師や彫師といった職人選び、木版印刷、製本、広報、営業、販売などのすべてを手がけていた。

蔦屋重三郎が「江戸のメディア王」や「名プロデューサー」などと讃えられるのは、版元として、これらすべての能力が突出していたからである。

簡単ではあるが、ここで説明したい。

・企画力

世間の風潮を読み、この先求められるだろう出版物を予見して、次々と新たなジャンルを生み出し、成功させた。しかもそれらを、最高の形にして世に出した。

・クリエイターの育成と人選

実力と情熱はあるものの、伸び悩んでいたクリエイターたちに衣食住と仕事を与え、面倒を見た。さらに彼らが何が得意なのかを見定め、研鑽を積ませ、機会を与え続けた。

吉原の茶屋に集まる知識人たちに交ざって狂歌サークルに参加し、接待でもてなしつつ、彼らが読み捨てた狂歌を絵本に仕立てて販売し、作家としてスカウトした。

・編集

まだ蔦重が何者でもない若い頃から、「超大物たちに序文や挿絵を依頼する」「最高にわかりやすく、かゆいところに手が届くガイドブックを編集する」「通常版とプレミア版をつくり分ける」など、編集に独創的な工夫をした。

・職人選びと木版印刷

贅を凝らした実験的な印刷物をつくり続け、職人の腕まで鍛えたため、ここぞという時に最高の商品を世に出すことができた。

・製本

店の隅に製本場を置き、客がいないときにも手持ち無沙汰にならないようにした。製本が追いつかないほどのヒット作が出た折には、「ご自身で製本してください」と閉じ紐を添えて販売するなど、非常に合理的でもあった。

・広報

書物の巻末に予告編と蔵書目録、広告をつけた。美しい外袋をつけて、粋人通人に持たせて注目させた。絵師の名をあえて隠して話題を呼んだ。強烈な店頭ディスプレイで人を集めた。

・営業

口コミを最大限に利用した。クラウドファンディングやスポンサーを募って出版物をつくった。生け花図鑑やライトノベル仕立てのPR誌をつくった。

・販売

薄利多売でも、確実に売れるガイドブックや教科書、楽曲集をつくり続けて商売の基盤をつくった。

版元激戦区の日本橋に本店を構えることで、ブランド力を上げた。

ざっと挙げただけでもこれだけの商才があり、蔦重がプロデュースして世界的に有名になった浮世絵師や戯作者が数多いる。

本書は、その蔦重の軌跡を、私なりにシンプルにわかりやすいよう、だがその魅力が伝わるよう記したものである。
一ページ一項目という形でまとめている。
どこからでも読めるし、少しずつ読むこともできる。
ぜひ、一読して、蔦重を、日本文化を、もっと深く知っていただければ幸いである。

二〇二五年一月吉日

車浮代

購入特典

一言メッセージの入った浮世絵の画像をお届けします（PDF）。
下の二次元コードからダウンロードしてください。

特典ページURL

https://d21.co.jp/formitem/

ID

discover3123

パスワード

tsutaya

蔦屋重三郎の慧眼

目次

はじめに

I 慧眼

II　商売

III

人間関係

Ⅳ 生き様

V 色と通

VI 時代

VII

超訳 蔦屋重三郎の言葉

太田南畝による蔦屋重三郎の実母の墓碑の文章より
宿屋飯盛による蔦屋重三郎の墓碑の文章より
曲亭馬琴の『近世物之本江戸作者部類』より、蔦屋重三郎について触れた言葉
『戯作者小伝』より、蔦屋重三郎について触れた言葉

巻末〈特別図録〉
主な参考文献
著者プロフィール

I

慧眼《けいがん》

001

秘めた才能を見抜く

蔦重に出会うまで、喜多川歌麿《きたがわうたまろ》は、パッとしない絵師にすぎなかった。

葛飾北斎《かつしかほくさい》は、有名絵師の売れない門下生。『南総里見八犬伝《なんそうさとみはっけんでん》』の曲亭馬琴《きょくていばきん》は、作家に憧れる武士の倅《せがれ》で、『東海道中膝栗毛《とうかいどうちゅうひざくりげ》』の十返舎一九《じっぺんしゃいっく》は、芝居台本を一本書いただけの流れ者だった。

東洲斎写楽《とうしゅうさいしゃらく》は、その正体すら、いまだよくわかっていない。

蔦重はそんな、海のものとも山のものともわからない人たちを、日本がいまなお世界に誇る偉大なクリエーターに変えた。

誰でも光り輝く才能をどこかに秘めており、それを見抜く力のあった人物に出会えば、人生が大きく変わるチャンスに恵まれるのだ。

あなたの周りに蔦屋重三郎のような存在は、いるだろうか？

002

何が得意なのかを知る

若き頃の喜多川歌麿の師匠は、彼の才能を「幼い頃から物事を細部にわたって観察し、絵の探求に余念がなかった」と評価している。そう、細部まで写実ができる。しかも、即興で描くことができる。その能力を、蔦重は買った。

そこで彼は、当時の大物歌人たちが集まる場に歌麿を連れていき、「リクエストを受けたものを、すぐにその場で正確に描く」という余興をやらせたのである。これが歌人たちの狂歌に歌麿の挿画をアレンジした、「狂歌絵本」のヒットにつながった。

不得意なものがいくらあってもいい。コミュニケーションが下手でもいい。知識や技術が拙くても、そんなことには目をつぶる。

それより「自分の得意」を、ただひたすらアピールするのだ。それがチャンスをつかむコツである。

003
「好きなこと」に注目せよ

喜多川歌麿は、虫を描くのが好きだった。彼の師匠は「虫の心がわかる」と言っていたし、実際にコオロギを手に乗せて、描くことまで試みていた。

しかし、虫の絵を描くことで、売れる企画などあるだろうか？

それがあった。昔の歌人は野山で虫採りをして、それぞれが採った虫を題材にした歌を即興で詠んでいた。「虫歌合《むしうたあわせ》」である。もとは「虫たちの歌会」を題材にした童話から生まれた、知的娯楽だった。これと歌麿の出世作『画本虫撰《えほんむしえらみ》』をつなげたのが蔦重だ。

「自分の好きなことなど、誰も注目しない」などと考えてはいけない。

必ずあなたの「好き」に共鳴する人は、世の中に存在するのだ。

004

才能を生かせる分野を変える

虫を描くのが好きな喜多川歌麿を、蔦重は虫を題材とした『画本虫撰』で売り出した。

もちろん素晴らしい作品だが、それだけで、人気の浮世絵師が誕生するわけもない。

もっと人が喜ぶ作品に、その才能を転換させなければならない。

この点で、蔦重が歌麿を「ここでも才能が生かせるのではないか」と見込んだ分野はどこか。

「春画（当時は枕絵と呼んだ）」である。春画とは男女の営みなどを描いた交合図のこと。

普通なら猥褻《わいせつ》な絵であるが、これを歌麿は、虫の絵を描くのと同様、リアルなタッチで大胆な構図を描きあげた。

そうして『歌まくら』という、世になかった芸術的な春画集が完成したのである。

005

ほんの少しずらした視点で見る

喜多川歌麿が、のちに日本を代表する浮世絵師の一人となったのは、「美人大首絵」が大好評を得たことによる。「大首絵」とは、上半身アップの人物画。

この構図、いままで「役者絵」（歌舞伎役者を描いた浮世絵）の世界では普通だった構図。でも、美人画（女性を描いた浮世絵）のような通常の絵には採用されていなかった。

なぜなら個性的でメーキャップもしている歌舞伎役者ならともかく、普通の人物を描けば、あらゆる作品が同じようになってしまうからだ。

しかし「物事を細部にわたって描き分ける」ことのできる、特異な才能をもった絵師ならばどうだろう？

そう、蔦重は、この難解なテーマに〝歌麿だからできる〟と踏んだからこそ、彼にチャレンジをさせたのだ。

ほんの少しずらした視点で見れば、オンリーワンの才能を生かすことができる。この蔦重の発想は、ぜひ現代人も参考にしたい。

006

二番煎じでヒットにする

最初の「美人大首絵」シリーズ『婦人相学十躰《ふじんそうがくじってい》』をヒットさせた歌麿は、その後の『歌《か》撰戀之部《せんこいのぶ》』で、不動の地位をつかんだ。いまも世界的なファンを魅了する、彼の最高傑作の一つだ。

この作品は、いわば〝二番煎じ〟。歌麿オリジナルの「美人大首絵」の手法をさらに強化し、ほとんど「顔だけ」の作品で恋する女性の切なさを描いている。それが人々に感動を与えた。

つまり、〝二番煎じ〟だってかまわないのだ。世の中にはオリジナルをなぞって、それを超えるヒットを叩き出したアイデアも多い。

人に遅れをとったからといって、嘆くことはない。

少しの視点の違いでも、ヒットは生み出せるのだ。

007

闇の世界に光を当てる

喜多川歌麿の「美人大首絵」の大ヒットには、時代が影響している。

その頃、幕府の重臣・松平定信《まつだいらさだのぶ》の「寛政《かんせい》の改革」によって、〝公序良俗《こうじょりょうぞく》を乱す文化〟はことごとく禁止されていった。それまで自由に満喫できていた娯楽を、江戸の庶民たちは封じられたのだ。これは実にキツい話だっただろう。

たとえば、女性をセクシーに描いた絵や春画などは、これ以前から禁止とされており、田沼意次《たぬまおきつぐ》時代にゆるんでいた規制が厳しくなった。

しかし歌麿は、顔だけを描いた女性の絵で、同じような精神的刺激を民衆に提供したのだ。女性の顔だけなら、公序良俗を乱しようがない、だが、女性のセクシーさは絵から醸《かも》し出される。これは大喝采されて当然だった。

世の中が暗くなれば、自らが光を当てる。

蔦重はその方法を、闇の時代に模索し続けたのだ。

008

本質的な願望を見抜く

『婦人相学十躰』や『歌撰戀之部』において、歌麿が絵のモデルにしたのは、ほとんどが吉原の遊女たちだった。吉原を拠点にした歌麿と蔦重にとっては、一番身近にいる美女といえば、遊女だったのだろう。

しかし幕府は、その絵に規制をかける。遊女はその存在自体が、公序良俗を乱すというのが理由だ。これは蔦重にとって、致命的だったのではないか？

そんなことはない。今度は、歌手やお茶屋の看板娘など、普通の仕事をしている女性たちをモデルにして美人画を売り出した。そしてヒット作をさらに量産する。

江戸の男性たちは、別に遊女だから絵に魅力を感じたのではない。女性の本質的な魅力に惹かれただけだ。女性の仕事が何であるかなど関係はなかった。

うわべだけを見ていては、人々の本質的な願望を見抜けない。もっと根本的な部分に注目する大切さを教えてくれる。

009

売り出すタイミングを見る

蔦重が喜多川歌麿を熱心にプロデュースした結果、彼は『画本虫撰』や、春画集の『歌まくら』でブレイクする。とくに春画で成功したということは、美人画などの人気ジャンルを続々と描ける可能性があるということだ。

しかし蔦重は「待った」をかけた。なぜなら時代は鳥《とり》居《い》清長《きよなが》の描く、健康的な八頭身の美人画が絶賛され、大ブームになっていたのだ。このまま歌麿が類似品を出しても、埋没してしまう可能性がある。

結果、清長が美人画から引退し、歌麿の〝表情を描き分ける技術〟が絶賛される時代がやってくる。

人を売り出すためには、タイミングを見ることも重要なのだ。

010

「憧れの人物」に依頼する

若い頃、本屋兼貸本屋の仕事を始めた蔦重は、吉原の公式ガイドブックをリニューアルする仕事を引き受けることで世に躍り出た。いわば人気雑誌の編集長を任されたのだ。

彼が編集したガイド、『細見嗚呼御江戸《さいけんあああおえど》』の序文を書いてもらうのに、原稿を依頼したのが浄瑠璃作家の福内鬼外《ふくうちきがい》。当時の江戸で、彼を知らぬ人はいない。その正体は、平賀源内《ひらがげんない》である。

源内といえば、江戸時代の有名な発明家だが、興行師であり、起業家であり、戯作者や歌人でもあり、油絵も描くカリスマ的なマルチ人間だった。

何かと江戸では注目を浴びる存在。吉原を拠点としていた蔦重は、子どもの頃から憧れてきただろう。

そんな人物が、なぜ若き無名の編集長の誘いに乗ったのか。詳しいことはわからない。

しかし結果を恐れない勇気をもった依頼が、彼の仕事を大きく飛躍させたのである。

011

「普通ならありえないこと」を企め

平賀源内を起用した『細見嗚呼御江戸』の序文は、大きな話題となった。

源内のカリスマ性だけが理由ではない。実は彼は、公然の男色家《なんしょくか》としても知られていた。つまりゲイである。いまでいうBL小説も書いた。

そんな男性が、女色の殿堂、吉原遊郭のガイドブックの序文を書いたのである。

これが江戸の事情通たちを驚かせた。むろん蔦重は、そんな組み合わせのギャップを狙ったのだ。

誰が何をすれば、世の人々が驚くか。

「普通ならありえないこと」に、大きなヒットは潜んでいる。

012

逆境こそチャンスだ

『吉原細見《よしわらさいけん》』という、吉原の公式ガイドブックをリニューアルする仕事を引き受けた蔦重。ところが不運なことに、この仕事はストップしてしまう。

なんと版元「鱗形屋《うろこがたや》」の社長が、著作権侵害で訴えられたのである。大坂（大阪）で出た出版物を、勝手にタイトルだけ変えて発売したようだが、蔦重には寝耳に水だったろう。これではギャラすら、もらえないかもしれない。

大ピンチだが、蔦重はこれを逆利用する。『吉原細見』を出す権利を手に入れ、自分が新たに立ち上げた版元から、「公式ガイド」を出版できるようにしたのだ。やがて独占販売となり、自身の版元「耕書堂《こうしょどう》」を日本で一、二を争う版元にまで成長させた。

つまりは、ピンチのときこそ、大チャンスが訪れているのだ。

嘆く前に、自分に何ができるかを考えよう。

013 「いままでのやり方」に縛られない

蔦重が新しく売り出した吉原のガイドブックに、彼はこのとき大幅な改変を加えた。

紙面を少し大きくし、その代わりページ数を大幅に減らしたのである。

手軽になったガイドブックだが、これを開くと違いは一目瞭然である。真ん中に大通りを描き、そこを挟んで上下向き合わせで店の名前を並べたのだ。

そう、ガイドブックは現地で「地図」としても使えたのだ。おまけにページが薄くなったぶん、値段も安くすることができた。

この新ガイド『籬《まがき》の花《はな》』が好評だったのは、想像に難くない。

読者の立場に立つから、この発想ができる。「いままでのやり方」に縛られてはいけない。

014

読者の不満の声を聞く

蔦重が『吉原細見』のリニューアルを引き受けた際、このガイドブックは売れている商品ではありながら、すこぶる評判が悪かった。

それは目まぐるしく店や遊女が移り変わる吉原なのに、情報の更新がまったく間に合っていなかったから。

「この店に行こう」と楽しみにして現地に行けば、「すでにその店はなくなっていた」「目当ての遊女がいなかった」ということが平気で起こっていたのだ。

読者はガッカリするし、ガイドブックとしては致命的である。

他にも「現場で使いにくい」「値段が高い」などの悪評があった。

結局、蔦重が成功したのは「読者の不満を解決したから」に他ならない。

ものが売れないと嘆く人々は、本当にお客の声を聞いているのか。自身に問いかける必要があるだろう。

015 インフルエンサーに発信してもらう

ページを薄くし、値段を安くしたガイドブック『吉原細見』だが、蔦重はわざわざ豪華版もつくっている。いまでいう雑誌の付録のような形で、多色刷りの美しい外袋をつけたバージョンも売り出したのである。その意図はどこにあったのか？

蔦重はこれを、吉原に頻繁に通う〝通《つう》〟と呼ばれた常連に配ったのではないか。美しい外袋は、目立つ。それを〝通〟の格好いい男が持っていれば、当然、自分も欲しいと思う人は多いはずだ。

これはブランドの商品を芸能人に配ったり、インフルエンサーに発信してもらういまのマーケティングと同じだ。

江戸時代、すでに蔦重は、現代に先駆けたプロモーションをやっていたのである。

016

「雀の視点」で発想する

蔦重が出版した『絵本江戸爵《えほんえどすずめ》』という狂歌絵本がある。「爵」とは「雀」。鳥の「すずめ」のことだ。『絵本江戸爵』は喜多川歌麿を絵師として採用した初の本になる。内容は風景画と狂歌を組み合わせたもの。日本橋、両国《りょうごく》、道灌山《どうかんやま》など、江戸の名所を描いた風景画に、人気狂歌師の作品を合わせている。

それがなぜ「雀」なのか。雀は空から江戸の全景を見渡すと同時に、あちこちに降りては、まるで噂話をするように、仲間同士で囀《さえず》っている。だからガイドブックを表す表現にもなった。

この雀の全体を俯瞰するとともに細かい部分をクローズアップできる視点は、蔦重が非常に重視したものだ。

雀の視点から、新しい発想が次々に生まれてくる。

017

固定観念から離れてみる

具体的に、物事を高いところから広い視点で見ると、何が起こるか。

たとえば、先の「狂歌絵本」である。江戸で流行していた狂歌、それにビジュアル重視の挿画を加え、蔦重はヒット作を出し続けた。新しく生まれたアイデア同士の掛け合わせである。

江戸時代、本の印刷は、一字一字を分割した「活字」で行われたわけではない。木の板に一ページの文字をすべて彫り込むことで「版」を作った。アルファベットと違い、仮名も漢字もある日本語を印刷するには、そのほうが効率もよかったのである。

一ページを丸々彫り込むのだったら、「絵」が大きくても同じではないか？

その通りだが、「本は文字を読むもの」いう固定観念があると、この発想が出てこない。

一歩引いた大きな視点で仕事を俯瞰するから、常識を超えるアイデアが出てくるのだ。

018

「意外な組み合わせ」で化学変化を引き起こす

蔦重は、「意外な組み合わせ」が起爆剤になることを熟知していた。

その例が、絵師「葛飾北斎」と作家「曲亭馬琴」の組み合わせだろう。

着るものにも住む家にも執着せず、気ままに生き、好きな題材を描き続けた自由人の絵師、葛飾北斎。その一方、武家出身で、決まった時間に起き、決まった時間に食事をとる規律正しい生活に徹した作家、曲亭馬琴。

のちの時代から見れば、二人の組み合わせは、まったく正反対に見える。

しかし互いに無名だった頃、彼らは物語をつくる人間と、挿画を描く人間として、二人三脚で世に名前を売り出した。その二人を結びつけたのは、他ならぬ蔦重である。

北斎が世界に轟く絵師になったのも、馬琴が今なお残る名作『南総里見八犬伝』を書いたのも、蔦重が亡くなった後のことだ。

しかし彼は、化学変化が引き起こす輝かしい未来を、きちんと予測していたのである。

019

夢を追う人を支える

のちに『南総里見八犬伝』を書く曲亭馬琴は、戯作者に憧れた武士の倅だった。彼は江戸へ出て、当時の有名な戯作者、山東京伝《さんとうきょうでん》に弟子入りしようとする。しかし、武士の生き方しかできない堅物の馬琴を、京伝はもてあます。友人となるものの、戯作の指導は別の人間に任せる。その人こそ、他ならぬ蔦重である。

蔦重は、丁稚奉公ができないプライドの塊のような彼を住み込みで雇い、仕事を与え続けた。武士の身分を捨て、自信を失いかけた彼に、女房まで世話をした。

「なんとしても素晴らしい物語を書きたい」と願う彼の夢を、必死に潰さないように援助したのだ。

時を超えて、馬琴の作品はいまなお、作家や漫画家に影響を与え続けている。

020

ストレートに表現しない

吉原で版元を立ち上げた蔦重が、最初に出版した本は『一目千本《ひとめせんぼん》』というもの。一般の本屋で売られた本ではない。見世《みせ》（妓楼）や遊女たちがお客にプレゼントとして贈った本である。

この本のために、蔦重は北尾重政《きたおしげまさ》という超人気絵師を連れてきた。ならば当然、美しい遊女たちの姿を描くのでは、と思う。しかし、『一目千本』に遊女の絵は一つもない。あるのは丁寧に描かれた「挿花《そうか》（一種挿しの生け花）」の絵のみ。

蔦重はあえて遊女をそのまま描かず、それぞれ異なる個性を、花にたとえて表現したのだ。そんな絵を、遊郭に来るお客は喜んだのだろうか。

遊び心のある彼らは、自分のお気に入りの遊女がどんな花で表現されているか、楽しみにして『一目千本』のページをめくる。あるいは、その花にたとえられた遊女を見るために吉原を訪れた。

まさに「粋」を好んだ、蔦重の心憎いアイデアだ。

021

大衆のニーズを理解する

蔦重の時代に大人気だった、「黄表紙《きびょうし》」と呼ばれる出版物。その名の通り黄色の表紙で、単行本くらいの大きさの薄い本。多くは挿絵がたくさんあり、いまでいうところの「漫画」や「ライトノベル」に近いものだ。

これが蔦重のアイデアだったかどうかは、ハッキリしない。ただ、蔦重が編集長として雇われていた版元で黄表紙は最初に出版された。後に彼と昵懇《じっこん》になる恋川春町《こいかわはるまち》という狂歌師が最初の著者となった。これらを考えれば、その可能性は高い。

何より蔦重は、大衆のニーズをよくわかっていた。彼らは別に難しい知識など求めていないし、壮大な文学作品を求めているわけでもない。それよりもっと手軽に、短い時間で簡単に楽しめる娯楽がほしいのだ。

蔦重はあえて敷居を下げ、皆が喜ぶ〝軽い出版〟を目指した。

022

パロディでも売れる

初の黄表紙となった、恋川春町の『金々先生栄花夢《きんきんせんせいえいがのゆめ》』。これは蔦重が版元社長の鱗形屋孫兵衛《まごべえ》に頼まれ、『吉原細見』の編集長をしていた時期に発売されたもの。おそらく蔦重の発案といわれている。

内容は、田舎から江戸へ出てきた貧乏な青年が、一夜の夢で成功と没落を体験するという話。唐の古典『枕中記《ちんちゅうき》』のパロディである。有名な古典だから、皆がそのことをわかっている。それでも売れた。なぜなら、物語が面白かったからだ。

つまり、世の中でヒットするものをつくるのに、誰もが思いつかないオリジナルを創作する必要などない。パロディでも、世にウケるものはいくらでもつくれるのである。

023

専門能力を極めない

パロディ作品『金々先生栄花夢』で売れっ子となった恋川春町。蔦重は、自身で版元を立ち上げた後、この戯作者を頻繁に活用した。

なぜなら彼は、ライトな物語を創作できるだけではなく、挿画も描くことができたからだ。改めて絵師に依頼する必要がないから、時短になり、制作費も安く済む。そもそも黄表紙の発想も、マルチな彼の才能があったからこそ、思いついたのではないか。

世の中では専門能力を極めることばかり求められるが、そんな特殊な人ばかりが日の目を見るわけではない。

あらゆる能力が〝そこそこ〟でも、マルチにこなすことによって、むしろ重宝される人間になれるのである。

024

「愛される能力」をもて

蔦重自身、文章を書いたり、挿画も描こうとしたかもしれない。実際、「蔦唐丸《つたのからまる》」を名乗り、狂歌師としてデビューもしていた。

ただ、天才作家・曲亭馬琴によれば、その評価はこうである。

「センスもなく、学識ももっていなかった」

しかし馬琴は、蔦重のことを「一流の人を見抜く能力をもち」「有力な知識人たちに愛された」と評価している。

そう、「愛されること」こそ、彼がもつ最大の能力だったのだ。

天才になることをめざす必要なんてない。

愛される人間になることをめざそう。

025

反骨心のある発信をする

蔦重の時代に流行した「狂歌」とは、〝世相を詠む歌〟である。世の中を皮肉り、上の人間の傲慢や身勝手を批判する、民衆の反骨心あるメッセージだ。

「世の中に蚊ほどうるさきものはなし　ぶんぶといひて夜もねられず」

国文学者でもあった大田南畝《おおたなんぽ》が詠んだとされる狂歌。「ぶんぶ」とは、「蚊のブンブン飛ぶ音」と、時の政権が押しつけがましく模範として奨励した「文武」をかけている。

当然、狂歌は規制されるし、時には言った者も処罰される。

しかし江戸の民衆は、そんな反骨心のある狂歌を愛した。狂歌を出版した蔦重などの版元たちも、その流行を押し上げた。よくも悪くも、それが江戸文化のスタイルなのだ。

文化とは、〝上が押しつけるもの〟でなく、〝下から湧き上がってくるもの〟だ。

だから不満や許せないことがあれば、私たちはもっと発信していい。それこそ私たちが誇るべき、この国の伝統なのだ。

026

どんな人をも公平な目で見る

江戸時代は、基本的に士農工商の身分制社会である。

現代社会にも差別は存在するが、当時はそれどころではない。卑しい身分に生まれた人間はたいてい一生涯、卑しいまま。上の地位に成り上がるのは、簡単なことではない。

吉原はそんな身分制の、吹き溜まりのような場所だった。落ちぶれた武士もいれば、急に富を得た商人もいる。親に売られた身から花魁になった遊女もいれば、そこから転落した最下層の女郎もいる。

そんな中で蔦重はといえば、誰しもを公平な目で見て、平等に接していた。

だからこそ、落ちぶれた人間が彼との出会いをきっかけに再生したり、最下層にいた人間が彼との出会いをチャンスに変えたりすることができたのだ。

027

新しいチャレンジをせよ

晩年に近い頃だが、蔦重は歌麿と袂を分かったのち新たな絵師をデビューさせる。それが東洲斎写楽であった。その正体はいまだ不明。斎藤十郎兵衛《さいとうじゅうろべえ》という能役者だったとされる説もあるが、そんな素人に、あの天才的な絵が描けたのか。謎は解けていない。

描いたのは蔦重にとって主流ではなかった「役者絵」のジャンル。

しかも、ありのままの美を描いた歌麿の作風とは打ってかわって、当の役者本人からクレームが出るほどの、本人の特徴を滑稽にデフォルメした手法。

何から何まで、写楽の登場は〝冒険的〟であった。

しかし幕府の規制が強まるなか、時代は新しいチャレンジを求めていた。そして蔦重は、路線を一八〇度変えるほどの、新規事業に打って出た。結果、写楽の作品は大評判となる。

失敗を恐れてはいけない。躊躇していては、何も始まらないのだ。

028

どうせやるなら、大胆に

その正体は葛飾北斎だったとか、喜多川歌麿だったとか、さまざまに言われる東洲斎写楽だが、いずれにしろ顧客にとっては無名の絵師である。

そんな無名の絵師の作品を、蔦重は一気に二十八枚、同時発売する。迫力のある大首絵の構図で描き、背景には「黒雲母《くろきら》」という技術を使った。絵が浮き出るような効果を出した作品なのである。店中を埋め尽くす二十八種。その光景は、さぞ圧巻だっただろう。

思いきったチャレンジをするのに、リスクを考慮して小規模に始めてもしかたがない。どうせやるなら、思いきって大規模にアピールするべきなのだ。

無名の人間が地味に売り出したところで、誰からも見向きもされず終わってしまう。

029

新しいファンを掘り起こす

東洲斎写楽が描いた役者絵が、その当時、大成功したかといえば、微妙ではある。写楽の絵を嫌う役者も多くいたし、役者のファンも美化されていない個性的な絵を嫌ったという。

しかし蔦重が狙ったのは、そんな元からいる役者ファンではなかった。それでは本格参入の意味がないし、後発が勝てる見込みもない。

彼が掘り起こしたかったのは、役者よりも絵を気に入って買う、新しいファンだった。歌舞伎を知らなくても、アートを好む〝粋《いき》〟な江戸の風流人。その意味では写楽の絵は成功した。

明治以降、写楽の作品は海外で評価され、その価値を高められたうえで〝逆輸入〟されたのである。

浮世絵師四天王の一人として、彼の名はいまや世界に轟いている。

II
商売

030

「原稿料」の仕組みをつくる

蔦重は「原稿料」を日本で初めて、導入した人とされる。当時、「潤筆料《じゅんぴつりょう》」と言われた執筆に対する報酬は、蔦重が山東京伝に払ったのが最初だった。

書いた著者が報酬をもらうのは、当然だと思うだろう。タダ働きであれば、誰も本を書く大変な仕事を引き受けるわけがない。

しかし江戸時代の日本では、これが無償で行われてきた。

なぜならこの時代、多くの著者は「武士」であり、創作をするのは「嗜み」として。お金のために仕事をするのは、「下賤なこと」という価値観があったからだ。

しかし、それでは当然、書き手は育たない。いい本を書き、たくさんの売上を上げる著者は、やはり金銭面でも恵まれるべきだ。

そこで蔦重は、京伝の要望に応える。やがて蔦重が育てた曲亭馬琴や十返舎一九が「職業作家」として自立し、近代日本文学の興隆へとつながるのである。

031

感謝の気持ちは形にする

蔦重は、日本で初めて「原稿料」を導入したと述べた。けれどもそれ以前から、「原稿料」のような存在はあった。

世話になった狂歌師たちを吉原の宴に招き、美女たちに囲まれながら、思う存分に酒や料理を味わってもらう〝接待〟である。

狂歌師たちは基本、本業が武士であり、金をもらうために創作をしているわけではない。あくまでも教養として本を出す。すべて己を高めるための自己研鑽である。

とはいえ、「素晴らしい本を書いていただき、ありがとうございました。その御礼です」と宴に招待されれば、当然ながらうれしい。「次の仕事も頑張ろう」という気になる。

蔦重はただ、感謝の気持ちを形にしただけ。その当然のことが、商売を加速していく。

032

「親分」として仕事を引き受ける

蔦重は若い頃、吉原公式ガイドブックの編集長になったことで、成功のきっかけをつかんだ。その後、ガイドブックの版元「鱗形屋」の社長が、著作権侵害で訴えられ信用を失ったのをチャンスに変えた。そこから新たな版元として台頭した。

鱗形屋は、黄表紙の版元でもあった。出版が止まると、そこから著作を出していた黄表紙の著者も絵師も困ることになる。

そこで蔦重は、彼らの本の発行もそのまま引き受けたのである。結果、有力な著者たちが、蔦屋耕書堂から黄表紙を出すことになった。彼らにも大助かりだっただろう。

災難にあったとき、人は自分のことばかり考えがちだ。でも、周りを見れば、同じように困っている人々がいる。

それを、親分として一人で引き受ける。

それができる人間が、ビジネスで成功するのは間違いない。

033

自分が関わった町に貢献する

蔦重は、吉原の生まれである。よく知られているように、この町は幕府公認の遊郭、つまり遊女を抱える見世《みせ》（妓楼）を集めてつくった人工的な町である。

時代劇では華やかに描かれる吉原だが、内実は、女性たちが強制的に連れてこられ、多くは幸福を享受することなく、性病などで短い生を終えた。

この町で育った蔦重は、何度も辛い経験をしたことだろう。その度に、吉原で生まれた自分の宿命を呪ったはずだ。

それでも彼は、この町の広報役となり、その悪しきイメージを変え、さらに繁栄させようと仕事を続けた。少しでもこの町に流れ着いた人々が救われるように、それだけ吉原を愛したのである。

自分が関わった町にどれだけ貢献できるか。まずはそこから始めることが大切かもしれない。

034

イメージ戦略に力を入れる

蔦重が吉原のために出版した冊子に、『明月余情《めいげつよじょう》』という冊子がある。この町で三月から四月にかけて行われる、「俄《にわか》」というお祭りを宣伝するパンフレットである（後年、七月から八月に変更された）。

「俄」では、芸者や遊女たちがさまざまな衣装に身を包み、寸劇や舞踏を披露する。普段は吉原に入れない一般の女性や子どもも、この機会には入ることを許された。

いわば遊郭の吉原が、この日だけは、テーマパークに変わる。住民たちに夢を見させる、大きなイベントだったのである。

むろん、蔦重は「俄」の宣伝のために、商売としてこの広報出版をした。

しかし、その心には、江戸における吉原のイメージを変えたい気持ちがあったのではないか。誰よりも蔦重は、吉原の未来に夢をもっていた。

035

商売は「着実」を基本とする

蔦重が出した出版物といえば、多くは歌麿や写楽の浮世絵であったり、江戸の世を風刺する本や春画など、派手なものを想像する方が多いだろう。

しかし意外なようだが、彼は初期の頃から、「往来物《おうらいもの》」と呼ばれた子ども向けの教育書や、歌や三味線などの入門書を重視していた。

どうして、そんな地味な出版物を重んじたのか？

それは「確実に売れる」からだ。派手な挿画を入れた黄表紙は、大ヒットになるかもしれないが、失敗することだってある。それに対して、教育書や入門書は確実に売れる。

確実に売れる本があったからこそ、リスクのある奇想天外な企画にもチャレンジできたのだろう。「着実」こそ、本当は商売の基本なのだ。

036

地味でもロングセラーを大事にする

着実こそ基本。それを象徴するのは、蔦重が版元として自立したあとで、真っ先に交渉した相手だ。

それは人気の狂歌師でも、絵師でもない。三味線を伴奏に物語を歌う浄瑠璃、「富本《とみもと》節《ぶし》」の家元である富本豊前太夫《とみもとぶぜんだゆう》で、彼と独占契約を結んだ。

三味線といえば、江戸の人々が好んだ「習い事」である。武家や裕福な商家だけでなく、庶民も習っていた。富本豊前太夫といえば、江戸で一、二を争う、三味線の歌い手である。その教本を出していけば、確実に売れる。

地味ではあるが、ロングセラーを狙えるもの。蔦重はまさに、確実なところから仕事を固めていったのである。その姿勢は見習うべきだ。

037

どんな仕事も手を抜かない

子どものための教育書も、「確実に売れる」という堅実なジャンルだった。蔦重は初期の頃から、その企画に着手している。

確実に売れるから、正直さほど、ここに予算をかける必要はない。ところがその子どもの教育書の挿画を、蔦重は北尾重政に依頼した。美人画にも傑作を残し、北尾派という一門を率いたほどの大物の絵師である。

重政も蔦重も、子ども向けの本だろうが、手を抜かない。どんなジャンルでも、最高傑作をめざす。そんな姿勢があったからこそ、蔦重の仕事は信頼された。

038

信用が信用を連れてくる

絵師・北尾重政の北尾派の対極として、並び立っていた絵師の一門が、勝川春章《かつかわしゅんしょう》の率いる勝川派だった。若き頃の葛飾北斎も弟子入りしていた、超一流の一派である。

蔦重はキャリア初期の出版、『青楼美人合姿鏡《せいろうびじんあわせすがたかがみ》』で、この二人を共作させることに成功した。おそらくは普段から相談役として親しくしていた重政が、蔦重の出世作を支援しようと、春章を紹介したのだろう。

おかげで蔦重は、のちの北斎を含む一流絵師たちを人脈に迎えることができた。むろん、その価値がある人間だと重政が見込んだからの結果である。

どんな仕事だろうが真剣に向き合い、常に最高をめざす。見る人はちゃんと見ている。そこから大きな商売が始まっていく。

「人にすすめたい」と思える商品をつくる

北尾重政と勝川春章という、二大一門を率いる大物絵師が共作した『青楼美人合姿鏡』とは、どんな本だったのか。

簡単にいえば、「遊女たちの紹介本」である。二人の絵師が才能を思う存分に発揮し、その美しい姿を描いた。豪華カラー本である。

ただ、遊女だからといって、妖艶な姿を描いたのではない。日常の遊びに興じ、普段の生活を過ごす、「ありのまま」の彼女たちの姿だ。

この本には、教養のある遊女たちが詠んだ句も掲載している。顧客も知らない、彼女たちの顔。出来上がった本書を見た遊女たちは、どのように感じただろう。

よりたくさんの人に、見てもらいたい。そう思ったのではないか？

遊郭や遊女たちから資金を集め、宣伝のためにつくったと考えられる豪華本。だからこそ蔦重は、彼女たち自らが「人にすすめたい」と思える本になるよう力を尽くしたのだ。

040

プレミアをつける

人気絵師二人を用いた、オールカラーの三冊組。しかも「美濃紙」という高級な紙を使用した豪華本が、『青楼美人合姿鏡』である。

蔦重はこの本にさらなる「豪華装丁」を施した、プレミア版もつくったとされる。一体誰が、この超豪華バージョンを所有したのだろう。

むろん遊女たちの、一番の馴染み客だ。「どうだ、俺はこの豪華本を贈られた人間なんだぞ」と。彼らにとっては、その本を持っていることが、「自分こそ一番」の証明になったわけだ。吉原通にとっては、なんとしても所有したい本になった。

「このプレミア本は、いったい誰がつくったのか？」

「あの吉原の若い版元、蔦屋じゃないか？」

そんなふうにして、蔦重は評判を築く。超豪華だからこその威力である。

041

中心地に店を構える

『吉原細見』を独占販売するようになった一七八三年、蔦重は日本橋の通油町《とおりあぶらちょう》に自身の版元「耕書堂」の本店を立ち上げる。

いうまでもなく、当時の日本橋は江戸経済の中心地。スラム街にあった店が発展し、ニューヨークのウォール街に本社を構えたようなものだ。

それで蔦重が吉原を捨てたのかといえば、そんなことはない。吉原にも店は残しているし、地元への愛情は変わらない。

ただ、日本一をめざす版元が、吉原にあったのでは、やはりブランドイメージが悪い。彼はあえて成功者らしく江戸の中心地に店を構えることで、新たなステージに挑戦したのである。

042

同業者とともに繁栄する

蔦重が日本橋へ進出した際、江戸には十九店からなる出版業の担い手があり、彼らの商売は「地本問屋《じほんどんや》」と呼ばれていた。

「地本」とは、庶民向けの娯楽本のこと。文化の先進地域であった京や大坂から、江戸の出版物を見た際の侮蔑表現である。

新参者だった蔦重は、江戸の「地本問屋」と連携し、問屋組合をつくって関西の版元に対抗した。

低レベルでいいじゃないか。庶民はこの娯楽の出版物を愛し、読書文化をつくっているのだと、彼らは決して上方の文化に臆さなかった。

多くの売れっ子作家を開拓した蔦重だが、彼は決して利益を独占しない。戯作者や絵師が、江戸の他版元から出版することを、決して止めなかった。

結果的に江戸の業界が繁盛すれば、自分たちにも利益が返ってくる。江戸の同業者とともに切磋琢磨して繁栄すればいいのだ。

043

「小さなこと」も大事にする

『絵本江戸爵』。先にも説明したように歌麿を初めて活用した狂歌絵本だが、実は本書に彼のクレジットはない。まだ無名の絵師だったし、入れたところで誰もわからない。

ところが、のちに記された広告では、「絵本江戸爵　喜多川歌麿」と記されている。それは歌麿が有名になったからだ。その広告を目に留めた誰かが、過去の歌麿の著作を買ってくれるかもしれない。

そんな細かいところまで、蔦重はチェックしていたのである。小さなところでも、さらに商品を売るチャンスがあれば逃さない。

細部を軽んじる人間は、大きな儲けも獲得できないのだ。

044

売る機会を逃さない

本の広告の話をしたが、いまでは巻末を見れば、当たり前のようにある広告ページ。これはそもそも、蔦重が初めて本格的に採用したものだ。

新刊予告に加え、蔵書目録を載せたのである。

自社の広告だけではない。場合によっては広告料をとって、他の店の広告を載せることもあった。小さな紙面でも、それが少しでも売上につながるよう気を配ったのである。

優れた商売人は、「売る機会」を逃さない。

045

リスク少なくヒットをつくる

「売る機会」は、つくろうとさえすれば、いくらでもつくれる。

たとえば、蔦重が初めて刊行した『一目千本』という出版物。遊女たちを「花」になぞらえて紹介した本で、遊郭や遊女がお客への贈答品として使用した非売品だ。

しかし数年後、蔦重は、『一目千本』の版木（木でつくられた版のこと）から妓楼《ぎろう》と花魁《おいらん》の名前を削り取り、『手毎《てごと》の清水《しみず》』とタイトル変更し、挿花の本として一般販売を始めた。北尾重政という人気絵師が描いた挿花の絵だ。ブームに乗って売れるかもしれない。実際のところは、どうなるか不明である。しかし版木は所有しているのだから、最小リスクでチャレンジすることはできる。

こうしてつくったたくさんの機会から、多くのヒットは生まれた。

046

「経費」は抑える

利益を出すためには、「売上」を上げることも重要だが、もう一つ「経費」を抑えることも忘れてはいけない。

いくら儲かっても、出るお金が多ければ、経営は赤字である。

この点、蔦重は経営の天才でもあった。すでに自費出版のような形で費用を集めたり、ページ数を減らしたり、著者兼絵師を採用するなど、制作費を安くする方法は紹介してきた。

さらに新しい本を出版するには一から版をつくるため、経費もかかる。しかし古い本をリニューアルするなら、費用も安価で済む。実際、過去にモノクロで出版した本を、新しくカラー本で発行する芸当も、耕書堂では行っている。

それでも良作は良作なのだ。経費について厳しく見る目を、忘れてはならない。

047

少しだけ変えて売り出す

寛政の改革の頃、喜多川歌麿が描いた「当時三美人」という美人画がある。いまでいう、アイドルや人気女優の「ポスター」のようなものだ。

人気だったこの絵を、蔦重はさまざまなバージョンで、「少しずつ構図を変えたもの」を歌麿に描かせている。

違いは少しでも、ファンは喜んで、お気に入りの女性の絵を買ってくれる。新しい絵柄を出してくれればくれるほどうれしい。

ずるい商売をしているようで、蔦重はちゃんと顧客の要望に応えていたのだ。

048

発想の転換をする

歌麿の「当時三美人」とは、富本豊雛《とみもととよひな》、難波屋《なにわや》おきた、高島《たかしま》おひさ、の三人。富本豊雛は富本節の名取で、三味線を弾き語る歌手。あとの二人は、それぞれ浅草と両国にあった茶屋の女性従業員である。つまり、「看板娘」だ。

江戸の頃、男衆のアイドルといえば、連想されるのは吉原の遊女、花魁だ。しかし幕府は、その関連商品に規制をかけている。

ならば、素人の中からアイドルを探せばいい。ごく普通の女性たちにだって、アイドルになれる美人はいるのではないか?

いまは当たり前の発想だろうが、当時は素人を描いた肖像が売れるなどとは、誰も考えなかった。

蔦重は商品を売るために、新たなアイドルすら、つくり出したのである。

049

二番煎じ、三番煎じはスピードが命

ヒット作が出たとき、二番煎じ、三番煎じをめざすのは、当然のように出版社がやることだ。批判する向きもあるだろうが、何より読者は、流行している本を、いち早く手に取りたいと願う。

喜多川歌麿が描く、虫と植物と狂歌を合わせた絵本『画本虫撰』は、精密な彼の画力もあり、大ヒットした。実はそのあと、蔦重は〝貝バージョン〟の『潮干《しおひ》のつと』と〝鳥バージョン〟の『百千鳥《ももちどり》』を続けざまに発売した。まさに二番煎じ、三番煎じを狙ったのである。

二番煎じ、三番煎じを狙うには、スピードが命。さすが蔦重は、読者の飽きの早さをわかっていたのだ。

050

続編をどう差別化するか

朋誠堂喜三二《ほうせいどうきさんじ》が創作した『文武二道万石通《ぶんぶにどうまんごくどおし》』は、寛政の改革を批判したものだった。幕府に対する江戸町人の不満もあり、これは非常によく売れた。

ならば続編をつくりたい。けれども前作との差別化は必要だ。そこで蔦重は、どういうアイデアを出したか。

著者を変えたのである。続編である恋川春町の『鸚鵡返文武二道《おうむがえしぶんぶのふたみち》』は、さらに松平定信の方針をパロディ化し、この本も江戸の庶民に大絶賛された。

結果、春町は呼び出しを受け、病気と偽って隠居し、間もなく亡くなったため、藩士として責任をとって自死したのだろうといわれている。

しかし彼は蔦重とともに、著者として「一番を超える勢いの二番煎じ」をつくり上げたのである。

051
絶好の機会は逃さない

江戸で大流行した、「狂歌」。蔦重が著者に抜擢した朋誠堂喜三二、恋川春町、大田南畝らは、皆、武士であり狂歌師だった人々だ。一般の民衆が憧れた、一流の文化人である。

彼らはサロンのような形で集まり、互いに歌を創作して、競い合っていた。サークル活動のようなものだが、ここに現代のテレビ局や雑誌社が入ったら何をしただろう？

当然、番組を撮って放映したり、取材記事を雑誌で紹介する。憧れる人々はこぞって、それを見るだろう。

江戸時代、蔦重はこれをやったのである。

狂歌の会に参加し、取材をし、それを本にした。わざわざ出版の依頼をする必要もない。時間も費用も短縮できる、見事なアイデアであった。

052

自らチャンスに飛び込む

メディア抜きで開催されていた、狂歌師たちの会。これに毎度のように参加するには、一体どうしたらいいのか。

それは自身も、狂歌師になってしまうのが一番早い。そう、だから蔦重は「蔦唐丸」を名乗り、狂歌師としてデビューした。しかも、ただデビューしただけではない。吉原の遊郭の協力を得て、歌会の場も提供した。もちろん接待込みの、豪華歌会だ。

それならば一流の狂歌師もこぞって集まり、そこで狂歌を披露する。蔦重はそれを出版に変えるだけで、投資した額を回収できる。実にうまい商売だ。

チャンスをつかむ人は、自らチャンスに飛び込んでいるのである。

053

ユーザーの視点に立って考える

狂歌のブームに沸いた江戸の頃、ファンたちは人気狂歌師たちの歌が掲載された書物を、こぞって求めた。しかし、テレビもなければネットもない。動画どころか写真もなかった時代である。読者の視点に立つと、重要なことに気づくだろう。

そう、好きな狂歌をつくった狂歌師が、どんな人物なのか。ファンたちにはそれを知る術が、まったくないのである。せめてどんな顔をした人物なのか、知りたくなるのは読者として当然だと思う。

蔦重はそのニーズにちゃんと応えた。『吾妻曲狂歌文庫《あずまぶりきょうかぶんこ》』という本では、狂歌師たちが一同、平安時代の歌人たちになぞらえる形で、肖像画とともに紹介された。好評だったらしく続編も出版されている。

ユーザーの視点に立てば、「やってほしいこと」がすぐにわかる。

054

大衆の「知りたい」にスポットを当てる

大衆が「知りたい」と願うこと。そこには当然、「性」への関心も含まれる。

いまもそうだが、ポルノや性風俗の情報、またそれを描いた「枕絵」と呼ばれた春画は、昔から人気ジャンルであった。幕府はたびたび規制をかけたが、どんな出版も許される自由な田沼時代であれば、版元としてやらない手はない。

ところが蔦重は、それを積極的にやったわけではない。満を持して出したのは、喜多川歌麿という特別な才能を手に入れてから。彼の精密な画力があれば、世にないアーティスティックで創造力に富んだ「枕絵」が描けるのではないかと睨んだからだ。

結果、『歌まくら』という大傑作が生まれた。十二ある図中の最後は、オランダ人夫婦の交合図。グロテスクな絵だが、印刷物が凸版印刷である木版画でできていることを鑑みれば、極細の巻き毛を彫る技術力は凄まじい。

最高の才能をもって、人々が最も興味をもつ部分にスポットを当てる。これが大ヒットにならないわけがない。

055

「吉原の秘密」という興味に応える

夜の仕事をしている遊女たちは、昼間や朝に、一体どのように生活しているのだろうか？

性への関心が集まる一方で、それに携わる人々の秘密を知りたく思うのも、やはり人間の常であろう。

一七九四年に蔦重と歌麿が最後に組んで出版した作品、『青楼十二時《せいろうじゅうにとき》』は、そんなニーズに応えて、遊女たちの日常を二十四時間、二時間単位で描いて紹介したものだ。

普段は見られない、遊女たちのオフショット。ハードな日常の仕事をこなしながら、客をもてなし、必死に幸せをつかもうと努力する遊女たちの姿だ。その健気さや儚さには、哀しみさえ伝わってくる。

出版されたのは吉原を描いた出版が禁じられていった寛政時代。その時期に彼らは最後の奉公として、世のニーズに応えたのだ。

056

リスクに備え、先行投資する

江戸の世に筆禍をもたらした、寛政の改革。政府を批判した本や吉原関連の本が規制され、蔦重も大打撃を受けたことはすでに述べた。

ところが、この時代、蔦重はわざわざ書物問屋の株を取得し、新たなジャンルへの挑戦を始めている。何かといえば、「学芸の専門書」や「学術書」である。

改革者、松平定信は、「公序良俗を乱す」ということで、娯楽本の多くを規制した。しかし一方で、古くからの学問は、推奨されたのである。

ならば、古い知識を扱う書籍が売れるはずだと、蔦重はちゃっかりお上の方針を利用もしたのだ。この商売センスは、流石としか言いようがない。

057
先に「購買者の反応」を確かめる

蔦重は大胆な企画で人を何度も驚かせ、ヒット作を量産させている。

ただ、すべて一か八かの大勝負をしているわけではない。リスクを避けるために、購買者の反応を確かめるような〝テストマーケティング〟を行ってもいる。

たとえば喜多川歌麿のような新人絵師をデビューさせる場合だ。蔦重は最初から彼にすべての挿画を描かせはしない。有名絵師たちが手分けして挿画を描いている書物に、さりげなく新人の作品を滑り込ませるのだ。

「さすが北尾重政の絵だな、素晴らしい。あれ、これもなかなか見事だな。誰だろう？」

となり、喜多川歌麿の名を明かす。

お客の反応を見て、「これはイケる」と思ったら、次は全作品を任せる。

かの葛飾北斎も、そのライバルだった鍬形蕙斎《くわがたけいさい》も、そんなふうにして蔦重は大成させたのだ。

058

権威を上手に活用する

人はとかく、権威に弱い。

同じ宣伝をするのにも、「著名人」がすすめるのと、「知らない人間」がすすめるのとでは、格段に効果が異なる。だから蔦重は、平賀源内という超カリスマに、ガイドブックの序文を依頼したのだ。

流行していた狂歌の世界にも、四天王と称される人間がいた。宿屋飯盛《やどやのめしもり》、鹿都部真顔《しかつべのまがお》、銭屋金埒《ぜにやのきんらち》、頭光《つぶりのひかる》の四人だ。黄表紙に載せる狂歌を選ぶのにも、彼らがやるのと他の人間がやるのとでは説得力が違う。正直、歌の良さが理解できなくても、四天王が「いい」と言うと、「いいのだろうな」と、素直に納得してしまう。

そこで蔦重は、とくに宿屋飯盛と昵懇《じっこん》になり、狂歌の選定を多く任せた。二人はやがて親友となり、のちに蔦重の墓碑も、この宿屋飯盛が書くことになった。

059

時には撤退する勇気をもつ

リスクを避けて、堅実な商売をする一方で、もちろん蔦重は、大勝負に打って出ることにも躊躇しなかった。二十八点の大胆な役者絵を一気に発売した、東洲斎写楽の衝撃的なデビューは、まさにその典型だったろう。

ただ、大胆な写楽の登場は、ヒットとして微妙でもあった。新規顧客の開拓には成功したものの、モデルとなった歌舞伎役者にも、既存の役者絵を好むファンにも、すこぶる評判は悪かった。

すると蔦重は、すぐに路線変更をする。二回目の発売からは写楽得意のデフォルメ表現を弱くし、大首絵でなく役者の全体像を増やしていく。

その選択が写楽の絵を没個性化させ、彼は十か月のみの絵師生命になるのだが、それはあくまで結果論。潔く路線変更したり、時には撤退する勇気をもつことも、商売には重要である。

060

試行錯誤はしていい

東洲斎写楽は四度にわたって「路線変更」をするが、その中で試行錯誤も行っている。

たとえば「相撲絵」だ。ちょうどこの時代、七歳にして体重七〇キロという異色の子ども力士、「大童山文五郎《だいどうざんぶんごろう》」が江戸中の評判となった。実際の取り組みはなかったようだが、多くの人気絵師が面白がって、その肖像を描いたという。

写楽もその絵に、挑戦した。というより、蔦重がさせた。

その評判はお世辞にも「よかった」とはいえないが、結果が出ないときは、新しい試みへのチャレンジを続けるしかない。

一の大成功をするためには、百の失敗も、覚悟しなければならないのである。

061

常に前を見る

寛政の改革が始まったのち、多くの版元が商売を規制され、撤退した業者もいれば、断筆する著作者も現れた。蔦重の周辺も例外ではなかった。蔦重自身も処罰され、財産の半分を没収されたという説もある。しかし、彼は常に前を向いていた。

「版元の蔦屋重三郎は、肝の据わった男なので、幕府のお咎めも、さして気にしていないようだった」

これは戯作者、山東京伝の言葉。

得意ジャンルを封じられ、頼みの歌麿とは訣別し、写楽のデビューも十か月しかもたない。それでも彼は、常に前を見ていた。

商売には「いいとき」もあれば、「悪いとき」もある。大成功した成功者や企業でも、何度も廃業の危機に直面している。

それでもあきらめさえしなければ、必ず再生の機会はある。

常に前を向く姿勢を貫こう。

062

信頼できる人間に後継を任せる

写楽の登場から三年後、蔦重は数え四十八歳という若さで死去する。死因は脚気《かっけ》であった。

おそらくは蔦重の遺志だったのだろうが、後継者となった二代目は、ずっと番頭を務めていた〝勇助《ゆうすけ》〟という人間である。

その継承は、あるいは蔦重に子どもがいなかったからかもしれない。しかし仮に我が子がいたとしても、彼はこの番頭に、次代の経営を任せたのではないか。

出自や身分にとらわれず、最も才覚があり、最も皆から信頼される人間が、組織の長には立つべきだ。

やがて「二代目・蔦屋重三郎」となった勇助は、新たなスター・葛飾北斎などの力を借り、耕書堂を再生していく。

III
人間関係

063

新人には最善の環境で働いてもらう

喜多川歌麿は、蔦重が日本で一、二を争う浮世絵師にまで育て上げた才能だ。

しかし、ずっと無名だった歌麿である。その人となりはよく知られていないが、身分の低い出自であり、無口で地味な人柄とされる。のちの行動には多少の傲慢も見られる。

蔦重は、彼をどのようにして育てたのか。

なんと得体の知れない中年の絵師であった彼に部屋を提供し、住み込みで雇ったのである。しかも夫婦ともども自宅に住まわせ、仕事ができる環境をも用意した。

なにもこれは、歌麿一人の話ではない。やたら調子のいい十返舎一九も、プライドが高く几帳面な曲亭馬琴も住まわせた。

不安なきよう、新人には最善の環境で働いてもらう。蔦重はそのことを大切にしていたのではないだろうか。

064

いろいろやらせてみる

『東海道中膝栗毛』で知られるベストセラー作家、十返舎一九が蔦重に出会ったのは、三十歳のとき。そもそもは浄瑠璃作家をめざしたようだが、大坂で仕事にも結婚にも失敗し、江戸でその日暮らしをしていた。

そんな一九を蔦重が採用し、何をさせたかといえば、〝何でも〟である。素人同然の彼に、編集もさせれば、挿画も描かせ、木版彫りや製本もさせる。雑用もやらせた。もちろん執筆も、だ。

その結果、彼は黄表紙の作家としてデビューを果たす。やがて、『東海道中膝栗毛』という大ベストセラーを生み出す作家となっていったのだ。

どんな才能も、それを発揮する機会がなければ輝かない。

人を育てるには、トップが覚悟をもって、何かをやらせることから始める必要がある。

065

生意気な態度は気にしない

蔦重が何かと世話を焼き、仕事を依頼してやっていたのが葛飾北斎だった。歌麿と同様、売れていなかった初期の頃から面倒を見ていた。

彼は当時、勝川派に属す「勝川春朗《しゅんろう》」という絵師だった。が、その生意気な態度が兄弟子たちに嫌われ、孤立していた。先輩に絵を破られることもあったという。

唯一、目をかけてくれたのが師匠の勝川春章。彼が死ぬと、しだいに勝川派にも寄り付かなくなる。

そんな彼を引き上げたのが、蔦重だ。北斎の生意気な態度は変わらなかっただろう。しかし磨けば光るその才能を、蔦重はちゃんと見抜いていたのだ。

066

それでも、面倒を見てあげる

人を育てるにあたり、蔦重が一番苦労したのは、曲亭馬琴だったかもしれない。

なにせ武士に生まれた彼はプライドが高く、人に頭を下げることを良しとしない。その上で商人の身に落ちた我が身を嘆く始末。それでは見習いの仕事などできるわけがなく、現代の会社であればクビだっただろう。

それでも蔦重は、彼に履物商の家に婿入りすることをすすめ、頭を下げずに執筆ができる環境を提供した。結果、蔦重の死後であったが、馬琴は『南総里見八犬伝』などで、大ヒットを飛ばすことになったのである。

「知識人たちに愛され、彼らの協力によって刊行した本すべてが評判になった」とは、そんな馬琴が蔦重について述べた言葉。

まさに「才能ある人間に愛されたこと」が、蔦重の成功要因だったのだ。

067

夢を語ることで人を動かす

事業を立ち上げた頃の蔦重を引き上げた人間の一人が、絵師の北尾重政である。重鎮の浮世絵師だ。

蔦重初の出版となった『一目千本』の挿画に協力したり、並び立つ人気絵師の勝川春章を紹介したりしたことは、すでに述べた。

実は重政は、版元の家の生まれ。父は大坂の「須原屋茂兵衛《すはらやもへえ》」からのれん分けを許された江戸の支店で、子どもの頃から本に囲まれて育ってきた。

おそらく若かりし日の蔦重は、江戸一番の版元をつくり上げる夢を、重政に何度も語っていたのではないか。本の世界を愛する人間の一人として、重政は自身の力を大いに発揮し、若きベンチャーに協力したのである。

068

本気だから人がついてくる

吉原の遊女たちも、蔦重を支援し、彼の出版を支えた。それはなぜか。

彼が単に〝広報用の本をつくってくれたから〟というだけではない。その本によって、彼は〝本気になって吉原を変えようとしていたから〟だろう。吉原のブランド価値を高め、遊女たちの地位も向上させようとしていたのだ。

美しい身なりはしていても、吉原の遊女たちは決して幸福な人生を歩んできたわけではない。親から商品同然に売られ、見習い奉公の幼女時代が終われば、愛してもいない男に抱かれ続ける不遇を運命として受け入れてきた。

そんな彼女たちの日常や創作を発信し、商品である彼女たちの人間性を、少しでも世の中に示す機会を与えた。

ただ、好かれるための戯言では、人はついてこない。本気の夢だから、多くの人間が惜しみない協力をするのである。

069

縁を大切にする

蔦重が人生をともにした妻。実は彼女について詳しいことはわかっていない。本名も実際は不明であるらしい。

一説では、彼女は江戸の他版元の娘とされる。蔦重よりも幾分か年上だった。その版元は、当時の人気浄瑠璃の流派の一つ「富本節」の正本（教科書のようなもの）の株をもっていた。蔦重はその「富本節」の株欲しさに、縁談に乗ったといわれている。つまりは商売のための政略結婚ともいえる。

そんな形で結ばれた妻でも、蔦重は最後まで人生をともにし、家の一切を任せている。

人との出会いは縁であり、縁を大切にする人間だから、出会いにも恵まれるのである。

070

「生んでくれた恩」を忘れない

蔦重はほとんど、両親に置き去りにされた人間である。離縁をきっかけに彼らは吉原から出ていき、数え七歳だった蔦重は、喜多川氏という茶屋へ養子に出された。

そんな両親を、蔦重は日本橋に店を出した際、二人とも新居に招き寄せている。多少は恨みもあっただろうが、「これからは自分が養うから、この江戸の中心で快適に暮らしてくれ」と一切を水に流したのである。

とくに母親に対しての愛情は深く、亡くなった際には大田南畝に墓碑の文章を依頼している。

ただ、自分を生んでくれた恩に感謝する。

縁や義理を大切にする蔦重だから、自然な選択だったのだろう。

071

不義には容赦しない

蔦重が人生を通じて唯一、冷たくあしらった人間といえば、吉原における版元の先輩、鱗形屋孫兵衛だろう。彼は蔦重を『吉原細見』の編集長に抜擢し、成功のきっかけをつくった。

ところが鱗形屋が著作権侵害で経営が危機に陥ると、蔦重は『吉原細見』の株を他版元から入手。やがて独占販売することで、彼の版元を完全に潰してしまったのである。

ただ、そもそもは「放っておけば、勝手に売れるから」と、『吉原細見』の情報更新すら怠っていたような鱗形屋である。利益はほぼ自分で独占し、編集をした蔦重はもちろん、黄表紙で成功した著者たちにも謝礼を尽くしたとは思えない。大方、経営難を理由に、踏み倒そうとしていたのではないか。

蔦重は不義には、真っ向から対決する。そして鱗形屋で仕事をしていた著者や絵師たちも、迷うことなく蔦重についていったのである。

「憧れの人」をもつ

蔦重が憧れた吉原の〝通〟に、朋誠堂喜三二という人間がいる。武士であり、狂歌師であり、戯作も書いた男。「宝暦《ほうれき》の色男」を自称し、男性からも女性からも、常に憧れの存在であった。

蔦重は彼を用い、いまでいう「ファッション誌」のような本を出版した。私生活でも「月成さん」と呼び、兄貴分のように慕っていた。

憧れの存在がいることが、人を大きくする。

ぜひ「この人のようになりたい」という憧れをあなたももってみてほしい。

073

約束は守る

人間関係を築くうえで、最も大切なのは「約束を守る」ということだろう。

蔦重が鱗形屋を容赦しなかったのも、「払う」といった金を払わなかったり、おそらくは「任せる」と言った仕事を任せなかったから。商売の世界で、言ったことを実行しない人間は、最も信用できない。

一方で蔦重は、「面倒を見る」と言った人間はなんとしても面倒を見ようとしたし、「戯作を出版する」とか「挿画を描かせる」と約束した人間には、必死で相応しい企画を実現しようとした。

それが信頼を蓄積していったのである。

人の信頼を得たいのであれば、特別なことをせずともよい。

まずは「人との約束を守る」という基本を大事にすればいい。

074

自らが「人脈の中心」になる

現代でも社外人脈をつくるには、セミナーや勉強会に参加する方法が一般的である。だが、そこで最も人脈ができ、勉強にもなる方法があるのを知っているだろうか？それは自らが主宰者となって、セミナーや勉強会を立ち上げることだ。すると人は、向こうからどんどん集まってくる。

江戸の世で蔦重がやったのは、これと同じことだ。「狂歌師」という文化集団に自分も身を置き、「狂歌連」というサークルを自ら主宰した。しかも吉原での宴会接待付きである。

もっとも蔦重は、ほとんど狂歌の腕は上達しなかったらしい。ただ、人脈づくりのためだけだったのだろうが、それは大きな成功をもたらしたと言っていい。

075

「周りをいかに引き立たせるか」を考える

蔦重が出版した書物ではないが、『吉原大通会《よしわらだいつうえ》』という作品には、狂歌師一同が集まった挿絵が描かれている。その中には、「狂歌師」となった蔦重も含まれる。

ただ、狂歌師たちが派手な格好で描かれるのに対し、蔦重だけは平服である。まるで並み居るＶＩＰが集まったなか、ひとり事務方に徹しているサラリーマンのようにも見える。

おそらく蔦重は、普段からそんな感じだったと思われる。

プロデューサーは、あくまで他の人間を売り出す仕事。自分が主役になってしまってはいけない。己は脇役に徹する。

だから彼の周りには、才能ある人間が集まったのだろう。

076 「花を持たせるべき人」に花を持たせる

前項でふれた『吉原大通会』の挿絵を見ると、蔦重が筆と硯を渡し、真っ先に歌を創作してもらおうとしている相手が描かれている。著名な狂歌師が集う場にあって、筆頭を任されようとする人物。頭巾を被って顔を見せないようにしている。

彼の狂名（狂歌師としての名前）は、「加保茶元成《かぼちゃのもとなり》」。だが、歌人ではない。吉原遊廓の「大文字屋《だいもんじや》」の店主を務めていた村田市兵衛《むらたいちべえ》だ。つまり、この場を提供している人物。

この遊郭なくして、接待の場である「狂歌連」は成り立たない。大口のスポンサーであり、錦絵のモデルにもなる遊女の雇い主であり、商品を宣伝してくれる広報役でもある遊郭。その人脈を蔦重が、どれほど重視していたかがよくわかる。

その場で最も花を持たせるべき人は誰か。あなたは意識しているだろうか。

077

時には厚かましく

蔦重は吉原で「狂歌連」を立ち上げた。しかし、当代の狂歌師といえば、ほとんど江戸で留守居役を務める武士たち。吉原に始終出入りしている、羽ぶりのいい身分の人間たちである。

一方で蔦重はといえば、版元として成り上がったものの一介の商人にすぎない。しかも出自もよくわからない下層の生まれ。

それが一流の人、身分の高い人たちに交じって、臆することはなかったのか。

おそらくは臆しただろう。しかし郷にいっては郷に従えと、蔦重は厚かましく、彼らとの交流を続けた。

嫌がられようが、素っ気ない対応をとられようが、めげずに、ぐいぐいと人脈を広げていく。すると意外に、好いてくれる人も増えてくる。

そんな姿勢が、人間関係を広げるコツといえるだろう。

078

引き立ててくれる人は大切に

蔦重には後ろ盾になってくれる人間がいた。本書でも何度か登場している。蔦重が兄貴分として慕っていた、「色男の月成さん」こと朋誠堂喜三二である。

朋誠堂喜三二、その正体は、平沢常富《ひらさわつねまさ》という秋田藩の藩士。佐竹氏に仕え、一二〇石を与えられていた立派な領主様である。

ただ、彼は身分の隔たりにとらわれることなく、蔦重を弟分として対等に付き合った。武士たちを相手にする付き合いも、彼がいればさぞ心強かっただろう。

この人間関係は、現代でも変わらない。職場で、地域で、仲間うちで自分を引き立ててくれる人、バックアップしてくれる人。あなたも、そんな人に出会えたら、ぜひ大切にしてほしい。

079

知識のある人間に教えをこう

狂歌師となり「狂歌連」を主宰したものの、蔦重には和歌の才はおろか、国文学に対する教養も薄かったと思われる。

この点も指南し、フォローしてくれる人がいた。政府御用達の学者であり、狂歌四天王の一人、宿屋飯盛だ。やがて蔦重の親友となり、出版企画の相談役にもなっていった。

飯盛が協力したのは、蔦重がよき生徒として教えをこう態度で臨んだからだろう。

知識のある人間は、機会あれば、それを人に披露したいと思うもの。意識したかどうかわからないが、賢人たちの自尊心をくすぐること。

こうして蔦重は、彼らの仲間として付き合いを続けていったのだ。

「最も得意を生かせる仕事は何か」を考える

蔦重と懇意になった宿屋飯盛、あまり現代では有名でないが、『吾妻曲狂歌文庫』と『古今狂歌袋《こきんきょうかぶくろ》』の撰者である。『吾妻曲狂歌文庫』は、江戸の狂歌師を平安時代の王朝風に紹介した作品、『古今狂歌袋』は百人一首を模倣して百人の狂歌を収めたものだ。

果たして江戸の世の町人が、その古典の世界をどれだけ理解できたかはわからない。

だが、宿屋飯盛の本業は、石川雅望《いしかわまさもち》という「国文学者」だった。源氏物語の研究は、彼のライフワーク。

蔦重は、彼をリスペクトしており、最も得意を生かせる仕事は何かを考えた。結果生まれたのが二作といえよう。

自分の知識を生かせた出版ができたことを、宿屋飯盛はさぞ誇りにしたのではないか。

081

大切な仲間を支え続ける

宿屋飯盛こと、石川雅望。彼もまた、寛政の改革で不遇を味わった人間である。飯盛という名が象徴するように、彼の実家は、小伝馬町にある旅籠《はたご》だった。その旅籠は、訴訟を抱えて江戸にやってくる農民向けの宿になっていたが、これが「法外の値を要求している」と幕府に言いがかりをつけられたのである。

彼は別に、幕府を批判する書を書いたわけではない。しかし蔦重のブレーンとして、幕府はマークしていたのだろう。結果、江戸から追放される刑を受けてしまう。

そんな飯盛と蔦重は文のやり取りを続け、ずっと励まし続けた。六年後に蔦重は亡くなってしまうが、二十年の歳月をかけて、飯盛は狂歌と著作活動の世界に復帰する。

082

細かいことにこだわらない

宿屋飯盛は、蔦重をこのように表現している。

「秀れた気性をもち、度量が大きくて細かいことにこだわらず、人に対しては信義を尊重する」

典型的な江戸っ子であり、身分の低い出であった蔦重だ。相当に口は悪かったかもしれない。それでも人の失敗をやかましく責めることなく、大きな心で皆に接していたのだろう。だから多くの人間から愛された。

蔦重自身は子どものころから働かされ、辛い思いもしてきたはずだ。でも、信頼を失う人間には、自分は絶対になりたくない。そう考え、信義を重んじたのだろう。

いい人間関係を築きたいなら、大きな心で相手を受け入れ、信頼する。そんなことが大切だと蔦重は教えてくれる。

083

「才能のある人はいま、何をすべきか」を考える

山東京伝は、寛政の改革の筆禍を受けた際、真面目に執筆業の引退を考えた。なにせ彼は幕府からお咎めを受けて出版停止となっただけでなく、「手鎖五十日」という刑罰をも受けた。五十日間、両手に手錠をかけられたまま生活しなければならないという重い罰だ。もう執筆で危険な目に遭うのはこりごりだと、断筆宣言をした。

だが、これを必死に止めたのが、蔦重だった。愚かな幕府の方針で、彼の才能がここで終わっていいわけがない。暗い世の中だからこそ、彼の次回作を楽しみにしている読者も多いのだ。

相手が挫折しかけているとき、蔦重は単に気持ちに寄り添うのでなく、もっと大きな視点から「その人がいま、何をすべきか」を考えたのである。

084

才能のために身を盾にする

一度は断筆宣言をした山東京伝。蔦重必死の説得の結果、彼は執筆を再開し、新しい作品を書くことになった。

その新作は『箱入娘面屋人魚《はこいりむすめめんやにんぎょう》』。浦島太郎と鯉の遊女との間に生まれた、日本版人魚姫の奇想天外な物語である。漁師に拾われた人魚は、遊女に身を落としながらも、最後は幸福になる。大衆が待ち望んだ、世を明るくする物語である。

その序文では、蔦重がお辞儀をする絵が描かれ、「京伝を説得したのでお買い求め願います」という、「まじめなる口上」が掲載された。

さすがにこのストーリーと序文の内容では、幕府も再度、お咎めしにくかったのではないか。蔦重はそこまで身を盾にして、プロデュースし、著者を引き立てたのである。

085

人を「向いている」ところに導いてやる

山東京伝は江戸後期を代表する戯作者だ。だが、戯作者となったきっかけは、蔦重のすすめである。もともと彼は、北尾重政に弟子入りし、北尾政演《まさのぶ》の名でデビューした絵師。蔦重との仕事も、黄表紙の挿画を描いたのが縁だった。

そんな京伝に、蔦重は「戯作を書いてみては？」とすすめたのだ。京伝には吉原に精通し、人の心理がわかりながら、どこか達観しているところがあった。そこが戯作に〝向いている〟と蔦重は判断したのではないか。

結果は大当たり。日本初の原稿料を出したり、慰安旅行に連れて行ったりしながら、蔦重は京伝を執筆に向かわす。『江戸生艶気樺焼《えどうまれうわきのかばやき》』などのヒットを飛ばし続けた。

チャレンジする機会を積極的に与え、伸ばせるところを思う存分に育ててやる。欠点を指摘するのでなく、長所をさらに引き伸ばすことで、人は大成するのである。

気負いなく人と付き合う

山東京伝が始め、「京伝勘定」と呼ばれるようになった、お金の払い方がある。現代で言うところの「割り勘」だ。

江戸の世では仲間内で飲みに行ったとき、一番上の人物が、皆に〝おごる〟のが当たり前だった。彼はそんな慣習をやめ、「俺の参加する宴では、皆で平等に金を出し合えばいい」としたのである。

一見、ケチ臭いが、そうすることで人付き合いによけいな気負いがなくなる。人間関係はもっと気軽で、平等に付き合えばいいのではないかとしたのだ。

そんな考え方には、蔦重も賛同していたのではないか。経営者として、プロデューサーとして、彼には気負いもあっただろうが、京伝のありようは、そんな負担を軽くしてもくれたのだろう。

087

すすんで人に仕事を任せる

蔦重の死後、二代目・蔦屋重三郎となったのは、番頭を務めていた「勇助」という男性だったと前章で述べた。

彼は蔦重とは血のつながりがあったわけではない。同じ日本橋にあった版元、伊賀屋勘《いがやかん》右衛門《えもん》の妻の従兄弟だったと、曲亭馬琴は記録している。

つまりは同業者から紹介された一介の部下だった。だが、蔦重は最終的には店の一切を任せることになる。それだけ信頼に値する人間だったということだ。

よそから来た人間であろうが、任せられる人間なら、どんなことでも任せてしまう。そのぶん、自分は他のことに専念できる。

やがて葛飾北斎や山東京伝の弟、山東京山《きょうざん》を大成させた二代目だが、店を任せるのに蔦重は躊躇なかっただろう。

088

情報交換や人脈づくりの場に出向く

江戸の町で、情報収集の場として忘れてはならない場所に、湯屋があった。いまでいうところの「銭湯」である。

江戸の湯屋には二階があり、そこは皆の娯楽スペースとして利用されていた。有料ではあるが、そこで人々は将棋を指したり、本を読んだり、お茶とお菓子を楽しんだりしながら、情報交換をした。ヨーロッパでいう、サロンのようなものだ。

ヒット企画のネタを探す蔦重は、当然、そうした場所を活用しただろう。「人脈がつくれる場所」があれば、積極的に出向く。大切にしたいことだ。

089

個人でなく「チームで一つ」と考える

正体不明の絵師として、蔦重が最後にデビューさせた東洲斎写楽。彼は一人の絵師ではなく、「プロジェクト」であったという考え方がある。

というのも、写楽が作品を出した四期を見ると、後半では作風が変わってくる。圧巻の「第一期」二十八点と比べると、「第三期」や「第四期」の絵は確かに別人が描いたと言われれば、そう見えてくる。

ことの真偽はともかく、蔦重であれば、おそらくこの「写楽プロジェクト」は可能だったろう。なぜなら葛飾北斎のような著名人から無名の絵師まで、彼に協力する絵師は大勢いただろうし、最高の彫師や摺師も抱えていた。

そして「このことを黙っていろ」と蔦重が頼めば、それを生涯にわたって漏らさない秘密にもする。それだけの信頼できるチームで蔦重は仕事をしていたのだろう。

仕事をするにあたって、リーダーが特別な人間である必要はない。自分が凡人でも、才能ある人間からの信用を守り続ければいいのだ。

Ⅳ 生き様

090

生い立ちを嘆かず、糧にする

吉原で商売を始めた二十代が、三十四歳になったとき、日本橋に本店を構えていた。果たして江戸時代に、そんなビジネスの成功者がどれほどいただろうか？

吉原という「悪所」に生まれ、数え七歳で親に置き去りにされ、養子に出された幼少期、学問を学ぶことすらできなかった境遇。

これがフロンティア精神のアメリカだったら、成功者をめざす気風もあったかもしれない。しかし江戸の世は、「士農工商」の身分制度がしっかりある時代だ。その中で最下層から、出版界のトップにまで上りつめた蔦重の成功は稀有《けう》と言っていい。

それが実現できたのも、おそらく彼がすべてをポジティブに考えたからだろう。

吉原で生まれたのも、書店や貸本屋しかやることが想像できなかったのも、彼にとっては幸運。吉原を愛し、本を愛し、出会った人間を皆、大切にすることで自分を推しあげていった。不幸を嘆いていては、目の前から一歩も進めないのだ。

091

人生を面白がり、楽しんでいく

若き頃から蔦重が慕った朋誠堂喜三二は、遊びの天才だった。吉原の町で「粋《いき》」な生き方を楽しむ、面白おかしい人生の実践者だ。

ただ、あくまでそれは、消費者側の話。売る側である蔦重は、本来であれば、遊びを提供する立場だろう。

しかし蔦重は、何事も面白がって楽しむ人生を選んだ。商売を楽しみ、まさに遊ぶように仕事をしていたのである。

戯作者に、狂歌師に、絵師にと、蔦重の周りは個性的な人間ばかりである。才能はあるが皆あちこちでトラブルを起こし、蔦重に解決すべき問題を持ち込んでくる。

でも、そんな問題ばかりの毎日を、蔦重は何より楽しんでいたのだろう。

092

生まれを生かす

両親に置き去りにされた蔦重は、養子として喜多川家に預けられた。その喜多川家は、吉原の入り口、大門のそばで茶屋を営んでいた。

観光地でもあった吉原、入り口近くで見物客が買い求めるものといえば、何か。ガイドブックである。ここで『吉原細見』を売れば、必ず売れる。蔦重はそう考えた。

吉原の著名人である発明家・平賀源内は、錦絵の開発にも携わっていたらしい。錦絵とは、多色刷り浮世絵版画のこと。源内は何色を刷り重ねても色がずれず、フルカラーに見せる技術を開発していたと言われている。それを吉原で生まれた蔦重が知っていたとしても、不思議はない。

蔦重が本屋と貸本屋の仕事を始めたのは、ただこの世界に憧れたからだけではない。育った立地を利用した、彼なりの計算もあったのだ。

093

時代の先を読み、仕事を選ぶ

数え二十三歳のとき、蔦重は版元・耕書堂の土台、本屋と貸本屋を営む店を立ち上げた。しかし本屋はわかるが、貸本屋とは何なのだろう?

テレビもなければネットもない江戸時代、人々にとって、本を読むことは何よりの娯楽。しかし、本は決して安い商品ではなかった。金持ちの武士や商人はともかく、一般人にはなかなか購入できない。

そこで彼らは本を借りた。貸本屋は店舗を構えるだけでなく、移動販売や訪問販売をしながら、本のレンタルで儲けていた。

当時の江戸町人は、それだけ読書好きだったのである。だからいい本を出せば、必ず多くの人間が読みたがると、蔦重は確信していた。

時代の先を読み、彼は仕事を選んだのである。

094

好機あるかぎり挑戦を続ける

戯作者・山東京伝の作品の『堪忍袋緒〆善玉《かんにんぶくろおじめのぜんだま》』という作品に、京伝のもとを蔦重が訪ね、執筆を依頼する場面がある。

「先生の作品は、いまだ天地がどれほど大きいかを知らずに流れている川のようなもので……」と、蔦重は散々おだてて、彼に筆をとらせようとしている。

実はこの作品、善玉と悪玉が、善悪をめぐって争うというお馴染みのテーマで、京伝のシリーズも第三弾になっていた。

いいかげん飽きてきたから、「もうやめよう」と京伝は思うのだが、蔦重は妥協をしない。

まだまだ好機があるかぎり、徹底的に挑戦を続け、可能なかぎり成功の度合いを大きくしていくのが蔦重の考え方なのだ。

095

肝を据える

寛政の改革の筆禍にあった際、戯作者の道をあきらめかけた山東京伝を、蔦重が必死に説得したことはすでに述べた。

このとき京伝は、五十日間、手錠をつけたままで生活するという罰を受けた。これは当然、辛かっただろうが、一方で版元の蔦重も、財産の半分を罰金として没収されたという。だとしたら経営者にとって、これはかなり致命的な問題だ。

しかし京伝は、蔦重について、「幕府のお咎めも、さして気にしていないようだった」と書いている。

そう、まだまだこんなことで、あきらめるにはまだ早い。そもそも「あきらめる」などという発想すら、彼にはなかったのかもしれない。

どんな災難も、単なる課題。乗り越える方法を考え、次のステージへ進むだけだ。

096

揺るがない信念をもつ

一七八七年に始まった松平定信による「寛政の改革」は、幕府の規制をさらに強化し、自由な発信を妨げた。多くの著者が公序良俗を乱すとされ、「筆禍」の苦しみを背負うことになった。これに対し、蔦重はどんな出版で対抗したか。

朋誠堂喜三二は『文武二道万石通』で武士の勘違い教育を笑い話にした。恋川春町は『鸚鵡返文武二道』で改革の引き起こす混乱をパロディ化した。

二人とも物語の時代設定を鎌倉時代にするなど、いまの時勢と関係のないフィクションとした。が、誰が読んでもわかる。確実に、「政府を馬鹿にしている」のである。

結果、彼らは「筆禍」を受けた。春町は隠居し、自死を選んだと言われている。

それでも蔦重は上からの規制に反発する者たちを応援し、自由な出版を続けようとする。

この信念こそ、江戸の民衆から大きな支持を得た理由であろう。

097

ねばり強くやり抜く

寛政の改革による幕府の規制を、蔦重がどう乗り越えたのか？

女性のありのままの表情を描いた、喜多川歌麿の「美人大首絵」。規制による読者のストレスを、逆に利用するヒットを蔦重が量産したことは、すでに述べた。

しかし美人画のモデルには、遊女を使っていた。幕府は「遊女をモデルにするのも禁止」と規制をかける。

ならば素人でいいではないか！　そして看板娘や歌手などの素人をモデルに美人画を描き、これもヒット。

幕府は面白くない。次に規制をかけたのは、「美人画に名前を入れてはいけない」。

今度は、名前は入れずとも、判じ絵（コマ絵をつなげて読めば名前になる）や、紋（ロゴマーク）を図中に記すことで乗りきり、ヒット。

あれがダメなら、これ。蔦重は、ねばり強く規制をかいくぐったのだ。

098
対抗はゲームのように

「美人画に名前を入れるな」。そう幕府が言ってきたなら、一般の店ではやることが簡単だ。名前を削ってしまえばいい。それでビジネスを続けられる。

でも、それでは蔦重は面白くない。そこで単純ではない方法を考える。

そう、明らかに蔦重は、幕府への対抗をゲームのように楽しんでいるのである。

その証拠に、「富本豊雛」という富本節名取のクレジットだ。

富くじの箱、藻、砥石、戸、夜に灯す行灯、紙の雛《ひな》で、とみ・も・と・と・よ・ひな。

言われなくたって、描かれているのが誰かは、皆わかっている。ようはクイズ形式で、完全に幕府をおちょくっているのだ。

お上に負けないどころか、お上の上を平気でいく。だから民衆は蔦重を応援したのだ。

仕事相手にリスペクトをもつ

描くモデルの名前を入れる、つまりクレジットを入れることは、彼女たちにとってどんな意味があっただろう？

かの有名な「当時三美人」でいえば、両国の茶屋、高島のおひさ。あるいは浅草の茶屋、難波屋のおきた。そう記すことでファンは彼女に会いにお店へ出向く。名前がなければ、通りがかりの人間がたまたま描かれているのと変わらない。

つまり名前を書くことによって、当人たちのブランドは高まり、ファンが増えていく。それは仕事に協力してくれた人間に対する、最高のリスペクトなのである。

「幕府が否定したからといって、私たちが協力者への支援を止めることはない」

名前をロゴや判じ絵で入れることは、蔦重からのそうしたメッセージなのである。そこには蔦重の仕事に対する姿勢が象徴されている。

100
一人ひとりに配慮する

絵にクレジットを入れることは、蔦重の最初の出版物『一目千本』の頃から実践されている。この本は遊女たちを挿花にたとえて紹介した本だったが、どこの誰なのかと一花ごとに妓楼と遊女の名前を入れた。

それで贔屓客が遊女のことを思い出せるし、会いに行くこともできる。一人ひとりの営業になるよう、蔦重はちゃんと配慮しているのである。

遊女はそもそも商品であり、遊郭の意向に添わねばならない。

その点で自由などまったくない立場だが、客がつき、売上が高くなれば、店側も邪険にできない。お咎め覚悟で遊女が出ていってしまうと、大損害になりかねないからだ。

だから人気を得ることが、遊女たちにとって幸せになるための近道になる。蔦重は遊女たちの地位向上のために、遊郭の主人と交渉の上で、彼女たちの名前を入れたのだ。

それが吉原の未来を変えると、信じていたのではないか。

101

物事の「明るい面」を見る

蔦重は幕府の規制に対し、喜多川歌麿の才能を駆使することで対抗した。

しかし、歌麿が女性の表情を見事に描き分けた「美人大首絵」を描く前、彼の大ヒット作は「春画」である。『歌まくら』という男女の性の営みを描いた作品だ。

春画でヒットを飛ばしたのなら、当然、好機がくれば、春画の続編を次に出したいと願う。

しかし出せない。性風俗を描く作品は、寛政の改革が強まった後では、危険すぎる。

つまり彼らにとってみれば、政府の政策によって「せっかくの機会」をことごとく潰されたのである。普通ならば運の悪さを嘆き、くさってしまってもしかたないと思う。

しかし蔦重は、「歌麿の描く女性ならば確実に売れる」という確信をもつ。

物事の明るい面に着目したから、そこから起死回生の策を成し遂げられたのである。

102 「できることすべて」を注ぎこむ

歌麿を活用し、起死回生の策で売り出した「美人大首絵」。その成功のために、蔦重は制作においても特別な工夫を凝らす。

それは「白雲母摺《しろきらずり》」という、「雲母《うんも》」と呼ばれる鉱物の一種を粉砕し、絵具に混ぜて塗る手法だ。これで背景を塗りつぶすと、パールのような淡く上品な光沢を生む。しとやかに美しく光る背景は、女性の姿を大いに引き立たせ、見る人をうっとりさせる。

歌麿の浮世絵作品が、美術館などでひときわ目立つのは決して偶然ではないのだ。

同じ手法をのちに蔦重は、東洲斎写楽を売り出すときにも用いることになる。

蔦重は、勝負に打って出る際は、「できることすべて」を注ぎこむ。見習いたい姿勢だ。

103 「踏み越えてはいけない線」をきれいに読む

幕府と丁々発止しながら、大胆に上をいくビジネスを展開した蔦重と歌麿。

しかし蔦重は処罰されないギリギリを狙って、ヒット企画を生み出していったことを忘れてはいけない。「これでは処罰できないな」と、相手が悔しがる範囲に留まったからこそ、蔦重の戦略は見事だったのである。

その蔦重亡きあと、浮世絵の大家として君臨するようになった歌麿は『太閤五妻洛東遊《たいこうごさいらくとうゆう》観之図《かんのず》』という作品を描く。豊臣秀吉《とよとみひでよし》の羽目を外した「醍醐《だいご》の花見」になぞらえ、実は豪奢な生活に明けくれた時の将軍・徳川家斉《いえなり》を皮肉った作品だ。

すでに松平定信も失墜しているから、たかを括ったのかもしれない。ところが作品は幕府の逆鱗に触れ、歌麿は「手鎖五十日」の処分を受けてしまう。これが歌麿の没落につながった。

蔦重がいたら、こうはならなかったのではないか。

104

潔ぎよく引くときは引く

写楽の正体は、能役者の斎藤十郎兵衛と言われるが、本当にそうだったのかはハッキリしない。いずれにしろ、写楽という絵師が存在したのはたった十か月である。

突然、江戸の世に登場した謎の絵師は、十か月すると跡形もなく消えてしまった。

なぜ消えたのかといえば、実際のところ「売れなくなったから」である。

最初の二十八作こそインパクトをもって受け入れられた。だが、その後は役者たちの不満を聞き、個性的な表現をやめた。結果、インパクトのない絵に魅力はなく、蔦重は潔く撤退を決めた。

失敗を認めたのであれば、長く引きずってもしかたがない。

新たなチャレンジをするためには、決断は速いほどいいのである。

105
常に新しいものを生み出す

世の中に永遠に売れる商品などはない。蔦重はよくわかっていたのではないか。

蔦重は、安価でビジュアルが豊富な「黄表紙」というジャンルを仕掛け、大流行させた。しかし、そもそも黄表紙が主流となる前は、成人向けの「黒本」と呼ばれる本と、若者向けの「青本」が本の主流だった。それが蔦重の登場により、一気に黄表紙に流れていったのだ。

だが、やがては新しい商品に代わられていく。事実、製本技術が進化して「合巻」が生まれると、黄表紙も廃れていく。

そんなふうに当時の出版業界にあって、商品の寿命は長くなかった。だからこそ時代に翻弄されるのでなく、絶えず蔦重は新しいものを生み出そうと模索したのである。

106

「文字」より「ビジュアル」

蔦重が開拓した新しいものといえば、何より「ビジュアル」が特徴になるだろう。

黄表紙でも、狂歌絵本でも、あるいは歌麿や写楽の作品でも、彼のアイデアで生まれる新しいものには、たいてい文字で読ませることよりも、絵で見せることが重視されている。

たしかに蔦重以前の時代から、書物に挿絵を入れるアイデアは確立していた。けれども彼が発行した黄表紙では、ページのほとんどが挿画である。文字が少ないものだって多い。

当時は世界的に見て、識字率が抜群に高かった日本だが、それでも文字の読めない人は少なからずいた。

つまりは、「万人に楽しめるものを」と考えたのだ。

これは現代の「漫画」につながっている。漫画はアニメと合わせ、日本が世界に誇る文化である。

彼はそこに需要があることを先読みしていたのだろう。

107

技術への敬意を忘れない

現代の漫画やアニメへとつながる道を切り開いた蔦重だが、江戸の版元でビジュアルを確立するのは、さほど簡単ではない。

なにせ当時の印刷は、一枚一枚「版木」を彫るのである。錦絵のことは紹介したが、文字でなく絵を彫り、それを多色刷りにするには、非常に高度な技術を要求されるのだ。実際、一ミリ以下という超微細なレベルで彫り出される精巧なテクニックは、当時のパリ画壇にまで衝撃を与えている。

それを蔦重が実現していたのは、絵師や戯作者のみならず、多くの優秀な職人から蔦重が支持されていたことを意味する。

蔦重は、職人を単なる労働者として見るのでなく、最高の敬意をもって、彼らと接していたのではないか。

異なる力をもった人々の協力をえて、初めて大きな仕事は実現できるのである。

108

誰よりも汗をかく姿勢が大事

蔦重が営んでいた版元には、たくさんの仕事があった。

印刷部門で和紙に下塗りをし、木版を彫り、摺って製本する仕事もあれば、出版部門では企画に編集に著者との交渉などの仕事もある。さらに著者に代わって文も書けば、絵師に代わって挿画を描くこともある。また書店の部門では、お店に立って営業をし、配達する仕事もあっただろう。

蔦重に拾われた十返舎一九は、ほぼすべての仕事をまかなっている。若い頃に版元を立ち上げている蔦重も、おそらくはありとあらゆる仕事を体験しただろう。

すべてやったからこそ、あらゆる部門で働く人間の気持ちがわかる。

人の上に立つには、誰よりも汗をかく人間でなければならないのである。

109

プライドを守ってあげる

「武士は食わねど高楊枝《たかようじ》」という言葉がある。いくら金がなくて空腹でも、武士は楊枝をくわえながら、いかにもお腹いっぱいで満足しているそぶりを見せていろということだ。

老中・田沼意次の下で商業が発展した時代、武士よりも羽ぶりがよくなる商人はいくらでもいた。一方で見栄に投資する武士たちは、借金まみれで火の車だった者も多かったかもしれない。

それでも体面を守らねばならないのが、武士の世界なのである。商人が偉そうな顔をすれば、すぐに両者の関係は崩れてしまう。

多くの武士たちから信頼されていた蔦重は、そのことをよく踏まえていた。

決して相手のプライドを傷つけず、身分の違いを認識しながら、こちらの要望を通す。曲亭馬琴のように、若く金もなく、それでいてプライドの塊のような武士のなれの果てすら、年長で金のある蔦重は、丁重に付き合っていたという。

110
平気で土下座できる人でいる

蔦重を描いた肖像として、世に最も知られているのは、前章でも紹介した「まじめなる口上」だろう。

山東京伝の処罰により、読者はしばらく彼の作品を読めず、心配もしていただろう。版元として両手をついてお辞儀する蔦重は、土下座に近い形で冒頭に描かれている。

そんなふうに、平気で人に頼み、謝ることができるのが、蔦重と武士との違い。常人にはなかなかできない、彼の強みだろう。

自分の責任ではなかったにしろ、顧客を不安にさせるのは、経営者の責任。それを心から謝れる度量を持たなければ、逆に多くの顧客を喜ばすこともできないのだ。

111 世の矛盾にちゃんと声をあげる

江戸社会における、武士のプライドを守っていた蔦重。しかし、それに賛同していたかといえば、必ずしもそうではないだろう。

蔦重が兄貴分として慕っていた朋誠堂喜三二。その狂歌師名が、すでに「干《ほ》せど気散《きさん》じ」、「金がなくてすっからかんになっても、気晴らしに行こう」という武士の精神だが、一方で彼は『親敵討腹鞁《おやのかたきうてやはらつづみ》』という黄表紙を書いた。昔話『かちかち山』で義によってタヌキを打ち滅ぼしたウサギが、今度はタヌキの子どもに復讐されるという、勧善懲悪的な正義をひっくり返すような作品だ。

これは一種の武士の世に対するアンチテーゼであり、そんな思想をもった人間だから、蔦重は著者としても喜三二を重視した。その意味で蔦重は現代のジャーナリズムのように、世の矛盾を読者に問うていたのだ。

112

常に反骨心をもつ

「世の矛盾を問う」といえば、そもそも「狂歌」というものは、世を風刺する歌である。

彼らの多くは武士で、本来は体制側の人間である。しかし決して武士が治める世をすべて認めるわけではない。時の政権に不満があれば、文学の形に変えて、その心情を表明する。

「白河の清きに魚も住みかねて　もとの濁りの田沼恋しき」

さすがに作者不明だが、松平定信の世を批判し、田沼時代を懐かしむ歌だ。

そんな狂歌に自らも参加し、多くの出版物にして世に出し続けたのが蔦重だった。その姿勢は、常に反骨心にあふれていた。

113
正義感を形にする

松平定信が失脚し、寛政の改革が終わると、出版の世界では、世を皮肉る作品よりも堂々と正義を主張する物語のほうが人気を集めてくる。短い黄表紙から、何冊もの巻にまたがる長編が読まれる世の中になっていく。

そんな世に覚醒したのが、蔦重が何かと目をかけてきた元武士の著作者、曲亭馬琴だった。

彼のデビュー作は、『高尾船字文《たかおせんじもん》』という、奥州太守《おうしゅうたいしゅ》という絶対的な権力者による遊女殺害から始まるストーリー。位が高い者の罪をストレートに断罪する痛快な物語である。

すでに世は変化してきた。蔦重はその一年後に世をさるのだが、未来における版元の発展に何の不安もなかっただろう。

114

お天道様に背かない

蔦重の時代の吉原には、五つの稲荷神社が鎮座していたという。稲荷神社にはさまざまな起源があるが、要は五穀豊穣から商売繁盛まで、あらゆることを司る自然の神様だ。

仏教が確立する前から、あるいは神道が体系化する前から、日本人はそんな神様を「お天道様」などと考えて、崇拝してきた。

いつもどこかでお天道様が見ているから、ズルはできないし、悪事を働くことはしない。もちろん、それをやる人間はいるだろうが、信仰の深い人間は、「バチが当たる」といって自らを規制した。

吉原を愛した蔦重も、当たり前に祀られているお稲荷さんやお天道さんを信じたのだと思う。だから真っ当な商売をし、人に対して誠実であろうとした。

ぜひ心にそうした、「自分を常に見ている存在」を置いてほしい。世の中で成功する人間ほど、実は「お天道様」に背かない生き方をしているのだ。

115

「春夏秋冬」を重んじる

歌でも絵画でも、日本文化は春夏秋冬にこよなく合わせて、創作が行われてきた。同じ風景でも、季節によって大きく見方は変わるし、人の感情も大きく変わる。だからこそ、我が国の芸術作品は、他のどの国の作品とも異なる、移りゆく自然から生まれる世界を表現してきたのである。

蔦重の初期の出版物、『青楼美人合姿鏡』は、すでに「春夏」と「秋冬」で構成されていた、吉原を代表する遊女たちの日常であるが、それは当然のごとく、「季節によって変わるもの」としていた。

そんな四季のある日本を、もっと私たちは誇りにすべきだ。

景色を見るにしろ、食べ物を食べるにしろ、しっかり季節の変化を意識したい。

116

天分を輝かせる

江戸時代の人々が重んじていた言葉に、「天分《てんぶん》」というものがある。天分とは、「天が与えてくれた才や役割」を意味する言葉。もっと言えば、「自分が世の中に貢献できる、得意な何か」のことだ。

蔦重は、この天分を重視した。ゆえに「才能があるのに埋もれている人材」を見れば、放っておけない。絵師でも、戯作者でも、あるいはもっと他の営業や事務のような人間でも。その人の天分が開花するような仕事を一生懸命に考えた。

そんな蔦重が自分の天分と考えた能力は、まさに「人の天分を輝かせること」だったのだろう。

だからプロデューサーとして、彼の力は開花した。彼の名は知られずとも、プロデュースした人間の名は世界に轟いている。

それこそまさに、蔦重が天分を貫いた結果なのだ。

117

使命を果たす

「天が与えてくれた才や役割」に徹する考え方は、江戸の支配階級だった武士たちにとっても、ゆるぎない天分として自らに課されるものであった。

彼らは義を貫き、主君の家名や名誉を守ることを使命として生まれてくる。だから刀を持ち、その使命を汚すものに対して断固として戦う。

使命に忠実であったことを証明するため、時には自らの腹を割くことにまで躊躇がなかったのである。

蔦重は武士でこそなかったが、使命には命をかけていた。だからリスクを覚悟で、幕府のお咎めを受けそうな出版にも踏み切っている。

そんな覚悟をもって仕事をしている人が、昔の日本には、いた。

そのことを、我々はもっと誇りにしていい。

118

優しさで人を動かす

蔦重は、リスクを冒してまでも人の天分を見極めて、その才能を輝かせようと力を尽くした。

とはいえ、どんなに努力をしても、なかなか才能が輝かなかった人もいたことは、事実だろう。

実際、蔦重が生きていた間、かの葛飾北斎はずっと悩んでいる絵師だったし、十返舎一九は、二代目蔦屋重三郎の時代でも、売れない戯作者だと思われていた。

ならば、蔦重は彼らをどうしたか?

何もしない。輝かないなら、輝くまで、何度でも何度でもチャンスを与えていくだけだ。

結果、彼らは蔦重の死後に輝くことになる。

その根本にあるのは、優しさだろう。彼は気にかけた人を、放っておけなかった。だから世話をし続けた。人を大切にする理由は、それで十分ではないか。

119
次の時代へ、タネをまく

なかなか才能が輝かない人間がいる。ただ蔦重は、彼らが輝けるような下地をつくる努力はしていた。

北斎と曲亭馬琴を結びつけたのもその一つであるし、ひょっとしたら写楽の作品にも、北斎が関係していた可能性もある。自分の手法が見定まらず、また勝川派の先輩たちとも対立し、孤立せざるをえなかった彼を、蔦重は放っておけなかった。

また残念ながら、生きているうちには実現できなかったが、出版物の全国販売を実現しようと、蔦重は模索していたらしい。結局、十返舎一九の時代にそれは実現し、彼はもっとも恩恵に与《あずか》ることになる。

自分にできなくても、きちんと先の時代へ布石は打っておく。そこまで考えて、蔦重は仕事をしていたのである。

120
人生を思いきり駆け抜ける

出版の世界に生きる人間は、大概にして「締切」を気にしている。

臨終の際、「締切があるんだ。頼むから仕事をさせてくれ」と懇願していたのは、昭和の大漫画家・手塚《てづか》治虫《おさむ》だったという。

逆に蔦重は臨終の際、「おい何やっているんだ。すでに劇は終わっているのに、まだ拍子木が鳴らないぞ」と、遅くなっているお迎えに文句を言っていた。

時間通り、ちゃんと仕事をしろ……。

いかにも版元の人間らしいが、さぞ慌ただしく生きたのだろう。

「のんびりやれ」といっても、できない人間にはそれができない。

ならば人生を思いっきり駆け抜けるのも、爽快ではないか。

Ⅴ 色と通

121

吉原に稼がせ、稼がされ

遊郭の町であるとともに、エンターテインメントの町であった吉原。蔦重の故郷であり、ビジネスの土壌であった。

蔦重の時代、その吉原は一時の勢いを失っていた。

彼はそんな吉原の勢いを、再生させたかった。遊女のステータスを高め、もっと大勢の位の高い人間が集まる場所に、ここを変えたかった。文化発信地としての吉原を、多くの人間に認識してもらいたかったのである。豊かになれば、遊女をはじめ、吉原で暮らす人々の生活が向上するからだ。

そんな蔦重が発信した出版物だから、まず吉原の人間に受け入れられた。彼は吉原に稼がせ、また稼がされたのである。

122

広報力をもつ

蔦重の時代、吉原が寂れかけていた理由には、他の場所に「岡場所」が多くできていたこともあった。「岡場所」とは幕府の公認を受けていない売春街で、本来は違法だ。だが、品川《しながわ》や新宿《しんじゅく》、板橋《いたばし》や千住《せんじゅ》など、江戸のあちこちにできていた。公然と、しかも吉原より安い値段で営業が行われていたという。

そんな岡場所に負けず、どうすれば吉原に客がやってくるのか?

何より広報力だろう。だから蔦重は『吉原細見』の仕事を引き受け、ブランド価値を高めるための戦略に打って出た。

日本の出版文化を変えた蔦重の登場は、吉原の要請でもあったのだ。

123

悪所だからこそできたことがある

蔦重が育った吉原は、正式には「新吉原」である。

かつて江戸城のお膝元にあった吉原は、明暦《めいれき》の大火という大災害をきっかけに、日本堤《にほんづつみ》の湿地帯に移される。足抜けできないように高い塀を張り巡らし、その周辺にドブを掘り、隔絶的な不夜城をつくりあげた。

そんな箱庭のような場所だから、江戸の通常ルールなど吉原には存在しない。幕府を信用する人間などいないし、独自の信頼関係で住民は結びついている。

江戸から見れば、ほとんど異国の文化をもっていたのが吉原である。

そして吉原は「悪所《あくしょ》」とも呼ばれていた。幕府公認のもと、売春を許された悪い場所。

独自文化をもつ悪所で育った蔦重だからこそ、自由な発想、ビジネスができたのだろう。

124

大出世の夢を見られる場所

吉原における最高の遊女を「太夫《たゆう》」といった。その影響力は甚大であった。花魁と呼ばれた人気遊女でも、ファッションリーダーやアイドル的な存在ではあった。しかし太夫となれば、それはもうお姫様レベル。大名や豪商しか、その顧客になることはできず、時には国を動かすほどの力を有していた。

しかし、太夫になる遊女も、もとは〝売られた少女〟であり、不幸のどん底にあった身であることに違いはない。

つまり吉原とは、最下層を味わった女性たちが、一国を動かすほどの出世する夢を見られる場所でもあったのだ。

そんな地で生まれたから、蔦重は「不可能なことなんてない」と信じられたのだ。

125

「通」をめざす

吉原での上手な遊び方として、江戸庶民が憧れた「通《つう》」という美意識がある。

大人の嗜《たしな》みを理解し、相手の心を察した心遣いができる人。

「通」とは、そんな「格好いい人間同士の付き合い方」ができる人をさす。

蔦重も、そんな「通」に憧れ、「通」とみなされる人を見本とし、「通」をめざす人のための出版物を企画した。

「蔦屋耕書堂から出ている本を読めば『通』になれる」というイメージをつくり上げたことは、蔦重の成功要因の一つであった。

126

「野暮」はいけない

「通」と反対に、人情の機微がわからない人、わからずやで融通がきかないことは、「野《や》暮《ぼ》」と言われ、吉原では嫌われた。

それは人生を楽しむ姿勢、「粋」にも反するし、約束を守って大人の遊びをする吉原の世界ではルール違反の行為にもあたる。野暮な人間は、「わかっていないな」と、皆からの評判を落としていくのである。

たとえば遊女というのは、娼婦だ。金を払っている人間に買われた商品であり、どう付き合おうが客の自由と思うかもしれない。

けれども「床急ぎ」は嫌われたし、馴染み客になれば浮気も御法度。あくまで大人の遊びとして、「疑似恋愛」を楽しむのが「通」の付き合い方だった。

大切なのは誠実さであり、人情をもって相手に接すること。

吉原で受け入れられない人間では、外の世界でも成功者にはなれないだろう。

127

誠実を第一に

吉原に出入りしていた人間は、やはり真剣に「通」であろうとした。だから責任をもって、遊女との遊びにも誠実であろうとした。

たとえば大田南畝は、千二百両という大金を出して、遊女を身請けしている。結果、大金の出所を幕府から疑われ、狂歌の世界から身を引くことになる。

山東京伝は生涯に二人の妻をもったが、二人とも身請けした〝元遊女〟であった。彼らは遊びとして遊郭に足を運び、金を出しながらも、最後には馴染みの遊女たちの人生に責任をもったのである。

蔦重にとって、遊女は出資者であり、仕事の協力者だった。それだけに彼女たちに幸福への道を開くために、蔦重自身は誠実に、責任をもって吉原を題材に稼いでいた。

その意味で、やはり蔦重は「通」であったといえるだろう。

128

「粋」であれ

「粋」といえば、江戸時代の人間がめざした理想像である。

「身なりや振る舞いが洗練され、遊びに通じていながら、誰よりも人の心をわかっている」こと。無粋《ぶすい》でも野暮でもなく、そんな生き方をする人間は、女性にも男性にも愛された。

武士の理屈や商人のありようも超え、何より蔦重は、粋な生き方をめざしたのだろう。だから周りから見て格好いいし、素直に「この人についていこう」と皆が思った。

成功することよりも、彼にとっては「見事な生き様であること」のほうが、ずっと大事であったのだと思う。

129

「俄」を楽しむ

蔦重が育った吉原には、「三大イベント」とされるお祭りがあった。それは「春の夜桜」「玉菊灯籠」「俄」である。

この町で生まれ育った蔦重は、何より大勢の人間が集まるイベントを楽しみにしただろう。とくに三月に行われる「俄」は子どもたちも催しを見学できるイベントだから、年が明けると、もう心がソワソワしていたのではないか。

だから大人になった蔦重は、この「俄」を宣伝する『明月余情』を企画することができた。催される行事に番付をつけたりして、自身も編集をしながら楽しんだのだろう。

闇の部分ではなく、吉原の「光」だったからこそ、彼は大勢の読者に、それをアピールしたかったのだ。

130 人生には光と影がある

吉原がいかに遊女を大切にする文化をもっていたか。その象徴に、「俄」とともに「吉原三大景物」の一つであった、「玉菊灯籠」がある。これはお盆の日に盛大に灯籠を掲げる恒例行事で、二十五歳で亡くなった遊女、玉菊を追悼したものだ。

玉菊は少女の頃に売られてきた遊女だが、努力の末に磨いた芸事と、気さくな人柄で周りの人間に愛された。しかし酒の飲みすぎがたたり、若くして亡くなってしまう。

そんな遊女を偲んで続けられた灯籠。むろん吉原最下層には、歳をとり、病に冒されながらも、それでも体を売る哀しい女郎たちも大勢いる。彼女たちには辛い現実があるのだが、それでも努力して認められた遊女へのリスペクトは欠かさない。

吉原は、そのような文化をもった場所であった。

人生に光と影があることを、皆がよくわかっていたのだ。

131

夢を見せる

「俄」は、遊女や芸者たちが仮装し、芝居や芸能を披露するイベントだった。大勢の観光客がこれを見物に来る。遊女たちも普段と違う「別の自分」を演じることができる。楽しい一夜限りの夢を見られる機会であっただろう。

蔦重はキャリア初期の頃から、遊女たちをモデルにした作品を出版の題材にしてきた。北尾重政に勝川春章、そして最高の絵師、喜多川歌麿に遊女を描かせることで、彼女たちを偶像化した。

モデルにし、プロモーションをすることで、人生が変わるかもしれないという希望を、彼女たちに与え続けたのである。

だから遊女たちは、蔦重への協力を惜しまなかった。

132
文化の闇も光も知る

売春自体は世界各国にある文化であり、とくに江戸期の日本が世界と比べて異質だったわけではない。

それでも商品のように売買されてきた女性が、日の目を見ることなく体を売らされる世界であり、女性差別の最たるものだ。現代の倫理からすれば許されるものではない。

しかし注目を浴び、出世した遊女は男性たちからも尊敬され、また、そうでなくても彼女たちを気づかい、対等に付き合った蔦重のような人間はいたのである。過去にあった文化を単に軽蔑するだけでなく、その光の部分にも私たちは注目すべきだろう。

彼女たちなくしては、日本が誇る文化の多くもまた、生まれなかったのだ。

133

現実を隠さない

『金々先生栄花夢』といえば、恋川春町が描いた最初の黄表紙。その企画には蔦重も関与したと考えられる。

内容は、「田舎から出てきた貧乏な青年が、お金持ちになって吉原で豪遊する夢を見る」という展開だ。金を使い果たし、お先真っ暗になったところで夢から覚める。『枕中記』のパロディ作品ながら、実は吉原遊びとはこういうもの、というPR誌の役目を果たしているのだ。

春町も蔦重も現実をありのままに隠さず、人々が憧れる夢の世界と、分不相応な遊びは身を滅ぼすということを、読者に示した。

決して嘘はつかず、物事に両面があることを隠さない。それでも一夜の夢を見たい人間は、本を読んでくれ、吉原を訪ねてみてくれ、と。

彼らはエンターテインメントの本質を、わきまえていたのである。

134

「冷やかし」の姿勢をもつ

「冷やかし」という、吉原で生まれた言葉がある。吉原の近くには、紙すき職人が多くいて、彼らは紙の原料を煮て冷ましたり、古紙を水につけてふやけさせたりしていた。するとニ、三時間、待たねばならない時間ができる。この時間に彼らは妓楼へ行き、遊女の品定めだけして帰っていった。紙を冷やすための時間つぶし、まさに「冷やかし」だ。

本の商売をしていた蔦重にも通ずるところはあっただろう。

吉原を楽しみこそするが、内側にいる人間として、決して客の側に立つことはない。この点は、蔦重の姿勢にも通ずるところがある。

終始、エンターテインメントの創り手であり、夢の提供者だった蔦重。そこには自分が夢に飲み込まれてはいけないとする、自覚があったのかもしれない。

135

「洒落」がわかる人間でいる

「洒落《しゃれ》」というのは、もともと遊郭での遊びを意味した言葉である。だから黄表紙などでも、遊女と客の駆け引きを描いた作品は「洒落本」と呼ばれた。

公序良俗を乱す出版が規制された「寛政の改革」の時代、当然ながら「洒落本」が許されるわけもない。それでも洒落本を出し続けたのが、蔦重と山東京伝だ。

たとえば、このジャンルの大家、京伝が「手鎖五十日」の刑を受けたきっかけの一つ、『娼妓絹籭《しょうぎきぬぶるい》』。中身をみると「将棋」の解説本のように見えるが、展開されるのは「娼婦」とのやりとり。つまり、「娼妓」にかけていて、「シャレだよ。わかるだろう?」ということだ。これを規制した幕府は、自らの「野暮」を証明した。

リスクをわかっていながらも、やってしまう。それは吉原で育った彼らの、宿命でもあった。

136

当たり前の生き方にある幸福に気づく

山東京伝が著作し、蔦重がプロデュースした「洒落本」の代表作が『江戸生艶気樺焼』である。

この物語は、放蕩息子の艶二郎が「通」の世界に憧れ、浮名という遊女の気を引こうと悪戦苦闘する物語。主人公は周囲の人からあきれられ、家を勘当されるが、最後には世の中を学び、浮名も彼と夫婦になって生きることを決める。吉原側に立った「通」でなく、当たり前の人生にこそ真の幸福があることを説いているのだ。

「洒落」に徹しながらも、蔦重や京伝は案外と、生き方を説く。吉原の世界で夢は見られるが、真の幸福は人のために働き、誰かを幸せにしようとする努力でしか得られない。

手を替え品を替えるが、彼らが願ったのは何より、本を手に取る読者が幸せになることだった。

137

ユーモアの達人になる

山東京伝のエピソードだが、蔦重が死去したあと、友人であり後輩だった曲亭馬琴が、関西への旅路に出たことがある。この機に、これからの作家人生を考え直そうということだが、京伝は彼に餞別を渡す。

自身の肉筆画である。中には春画すらあったかもしれない。旅先でそれを見た馬琴は驚いただろうが、京伝は北尾政演という、プロの絵師でもあったのである。

いざというときには、売って資金になる。春画ならなおさらで、さぞや関西では高値がつくのではないか……。

いかにも京伝らしいユーモア発想だが、そんなふうに仲間を面白がらせることを、彼らは始終考えていたのだろう。

138 時には読者の期待を裏切る

のちに「滑稽本」と呼ばれるようになった、ユーモア本のジャンルで大成功したのが、蔦重がゼロから育て上げた戯作者、十返舎一九であった。その代表作である『東海道中膝栗毛』では、弥次さん喜多さんによる、ユーモラスなドタバタ劇が展開される。

この物語八作を七年にわたって書いたあと、一九は「発端編」ということで、とんでもない後付け設定をしてしまう。

なんと弥次と喜多の二人を、ゲイのカップルにしてしまったのだ。

さすがに読者は驚いただろう。だが一九は、批判を恐れずに、驚かすことを平気でやってのけた。

賛否両論の設定変更だったが、シリーズはさらに続編が十二編続くことになった。

139

「魅力ある悪人」を上手に描く

蔦重が亡きあとで覚醒し、日本を代表するファンタジー作家になった曲亭馬琴。その代表作『南総里見八犬伝』は、正義の八犬士が悪と戦う勧善懲悪の物語だ。武士道的な物語は、蔦重がプロデュースした吉原流の世界とは、相反するように見える。

しかし曲亭馬琴は、なんとも魅力的な悪人たちを見事に描いた。時には妖怪をも欺き、しぶとく何度も八犬士たちに立ち向かう。

そんな魅力的な悪人は、蔦重の周りにいた人間の影響を受けていたのではないだろうか。彼らはお世辞にも善人ではなく、公序良俗に反しても、反省もせずにしぶとく信念を貫いた。

頭の固い馬琴も、しっかり悪の魅力を学んでいたのである。

140
「仲間」を常に意識する

『南総里見八犬伝』の特徴はといえば、何より「仲間とともに戦う」という、日本のヒーローもののテンプレートをつくったことだ。いまの戦隊ものはもちろん、大ヒット漫画にも、アニメにも、この形式はずっと応用されている。主人公より目立つ仲間がいたりするのも、当初からだ。

蔦重もまた、仲間たちと組んで、時代の大きな波と戦ってきた人間である。その中で自分は裏方に徹し、仲間の誰かを主人公にしようと奮闘してきた。

そんな姿勢が馬琴にインスピレーションを与えたとすれば、蔦重の仕事のやり方は、現代のヒーローにもつながっているといえよう。

141
「問題作」を恐れない

公序良俗に反する作品として、真っ先に浮かぶのは、〝性〟を題材にした春画だろう。その最高傑作と呼べるものが、蔦重が喜多川歌麿に描かせた春画、『歌まくら』である。その冒頭には、「河童と海女」と題された衝撃的な作品がある。

作品には二人の海女が登場しているが、一人は水の中で河童に犯されている。そしてもう一人の海女は、その光景を見ながら、なんと妖しく微笑んでいるのである。

作品の意味には議論が絶えないが、歌麿が人の心が抱える闇に挑戦しているのは明らかだろう。そんな作品を堂々と出版するからこそ、世の大人たちは彼らに注目した。

142 人の心をわかる

春画とは、ありのままの性を描く世界である。ここに現代のような規制はない。ヌードどころか、結合している性器まで、しっかり描かれる。漫画の世界ではあっても、正当な出版物であれば、いまの日本でそんなものは許されないだろう。

けれども、蔦重や歌麿が表現したかったのは、エロスの追求ではない。

たとえば『歌まくら』には、普通に服を着た男女が争っている作品がある。年上の女性の怒りと、浮気を言い訳している若い男。男女に起こりそうな葛藤を、歌麿は神のような視点で、精密に描写したのである。海外でも評価されている一枚だ。

つまり、「そのまま」を描くから、人の心が駆り立てられるわけではない。シチュエーションを想像させたほうが、よっぽど刺激的なこともある。

彼らは人の心を、よくわかっていた。

143

箔をつける

「箔をつける」とは江戸の職人の言葉で、木製品などに金や銀の豪華な薄い「箔」を貼り、見た目を美しくして価値を上げたことから生まれた言葉だ。転じて自分のキャリアにちょっとした経歴をつけ、価値を上げる意味で使うようになった。

逆にいうと、見かけは価値が高そうで、中身はたいしたことのないものにも使われる。

そういうとインチキのようだが、蔦重はこの種の工夫をよく凝らしている。歌麿や写楽の作品に「雲母摺」を使用したり、豪華な装丁の特別版をつくったり、『吉原細見』を包む高級な袋をつくったり。

それをすることにより少しでも価値が上がって売れるなら、やったほうがいいのだ。その小さな価値につられて、得になることはいくらでもある。

できることであれば何でも箔をつけ、価値を高める。その姿勢を見習いたい。

144
「できない理由」を探さない

蔦重が少しでも「箔」をつけようとしたのは、それだけ新たなチャレンジの成功率を上げたかったからである。

歌麿の大首絵や写楽の役者絵は、いまでこそ「日本文化を代表する最高傑作の一つ」だが、当時は前例のないチャレンジである。写楽にいたっては、そもそもが海のものとも山のものともわからない絵師である。

蔦重にだって、実際のところ、絶対成功するなどという保証があるわけではなかった。だから可能なかぎり、工夫をする。それで思いきって、新しい試みに打って出るのだ。

一方で、世には「無理に決まっているから」とか、「前例がないから」と、チャレンジを試みない人間が多い。その気持ちはわかるが、できない理由を探しているかぎり、状況は何も変わらない。

虚勢でもいい。見かけだけでも整えたら、思いきって勝負をしてみよう。結果はそのあと、考えればいいのだ。

VI 時代

145 平和だからこそ発展した印刷の文化

中世のヨーロッパで誕生し、知識を庶民に提供することで世界を大きく変えた「活版印刷」の技術。徳川家康が推奨したものの、日本ではこれがほとんど普及しなかった。

理由は日本語の問題だ。アルファベットなら二十六字の活字を作ればすむが、日本語には仮名もあれば、漢字もある。一文字一文字の活字を作るのは、かえって面倒だ。

だが日本には、木材が豊富にある。ならばページ全体を最初から彫ってしまえばいい。普通ならそんな面倒なことはしない。ただし江戸時代は、ほぼ二百六十年間、対外戦争のない、平和な時代だった。世界各国が戦争に明け暮れた人類史で、そんな時代はほとんどない。

平和になれば、庶民には知識を求める余裕が生まれるし、職人がそのための技術を発展させる余裕もできる。だから日本の出版文化は、世界に先駆けて発展した。

間違いなくそれは、我が国の誇りである。

146 日本で「浮世絵」が誕生した理由

活字を使用せず、一ページをまるまる彫ってしまうのであれば、そこに文字だけでなく、絵を入れてしまっても同じだ。そして読むのが一般庶民であれば、文字がたくさんあるよりも、わかりやすい絵、美しい絵があるほうが要望に適っている。

江戸時代の日本では、書物は娯楽のためにあり、それで商売として成り立っていた。

そう、庶民向けの出版文化において、我が国は世界に先んじていたのである。

これが木版画によって成立する「浮世絵」「錦絵」を生み、現代の漫画やアニメで世界を席巻する文化につながったといえる。

147 優れた錦絵には優れた職人

平和な時代がもたらした江戸の印刷技術、その最先端に蔦重らの版元があった。しかし版元がいれば、優れた書物が簡単に制作できるわけではない。

版元の企画で、作家が原稿を書き、絵師が下絵を描く。それを「彫る職人」と「摺る職人」がいて、はじめて優れた印刷物が出来上がる。

プロデューサーの力として、蔦重の功績は、絵師や戯作者の発掘や育成ばかりが言われている。しかし実は、彫師や摺師といった職人を指揮する有能な棟梁でなければ、後世に残る優れた出版物は生まれなかったのである。

力の入った錦絵には彫師や摺師の名が摺られている。後世に名を残すことはないかもしれないが、その技量は讃えられねばならないだろう。

メディアが発達していた江戸

印刷技術が発達したことにより、江戸はすでに「庶民が情報を求める世の中」になっていた。

たしかに江戸の世には、テレビもネットもないし、新聞すら誕生していない。しかし毎日のようにいまの値段で五〇円くらいで売られる「瓦版」（新聞のような存在）を庶民はこぞって求め、「チラシ」や「ポスター」などの広告もあふれていた。

そんなメディアの発達があったからこそ、蔦重の情報発信は受け入れられたのである。

彼がもし現代に生きていたら、あらゆるメディアを活用し、作家やアーティストを売り続けていただろう。

149 江戸は世界一レベルの識字率

養子先の店が吉原大門のそばにあったことを生かし、蔦重は書店兼貸本屋から仕事におけるキャリアを出発させた。書店は吉原の入り口でガイドブックである『吉原細見』を売り、観光客ニーズに応えた。

では、貸本屋は?

当時、江戸の庶民は高価な本を購入せず、多くはレンタルで読書欲を満たしていた。

蔦重がいた頃の吉原に、遊女は二〜三千人いたと言われている。彼女たちは日中の暇な時間に本を読む。お得意先には事欠かなかったのだ。

ちなみに江戸庶民の識字率は、およそ七〇パーセントくらい。同時期のロンドンは二〇パーセントくらい。実は江戸は世界一の教育レベルを達成していたとされる。

150
豊かな読書文化を支えたもの

世界一とされる江戸の識字率だが、その教育レベルの高さを支えたのは、「筆学所」や「学問所」。上方では「寺子屋」と呼ばれた私塾である。

おそらく、江戸時代に流通していた書物のなかで、「往来物」と呼ばれた〝教科書〟は最も流通していたジャンルだっただろう。この往来物、版元株を持たなくても出せることもあって、職業別など、七千もの種類があったとされている。蔦重も早々に参入しており、毎年異なる種類の往来物を出し続けた。

むろん、ほとんどの筆学所は、教養ある武士や商人やお寺のボランティアで運営され、版元も往来物に高い値をつけることができなかったが、一冊つくるとその本はずっと売れ続けるため、確実に「儲かるジャンル」だった。

こうして皆が協力し合い、豊かな読書文化を支えていたのである。

151

田沼時代が蔦重の追い風に

蔦重が吉原で商売を始めた一七七二年、幕府の老中として実権を握ったのは、田沼意次であった。

田沼意次といえば、よく知られているのは〝賄賂《わいろ》にまみれた悪徳政治〟。たしかにそういう面はあったかもしれないが、通貨制度が改革され、商工業の同業組合である株仲間が活性化し、商業が盛り上がる時代をつくった。いまやその功績が見直されてもいる。

江戸の町には自由な空気が活性化し、武士と商人が交ざり合い、世の中を皮肉るような狂歌ブームが起こったのも、それが理由だ。

人々が豊かであったから、読書をする余裕もあった。時代は蔦重に味方していたといえる。ただ、それが一時期のことだったのは残念なことかもしれない。

152

災害や飢饉は政治を変える

田沼意次の時代に商業は発展したが、同時にこの時期は、災害が続いた危機の時代でもあった。

江戸では、一七七二年に「明和《めいわ》の大火災」が起こり、死者は一万四千七百人。同時に三原山《みはらやま》、桜島《さくらじま》、浅間山《あさまやま》と大噴火が相次いで、「天明《てんめい》の大飢饉」が起こる。一七八二〜一七八八年まで七年も続いた。疫病も蔓延し、九十二万人の人口減少が起こったという。

また、飢饉により、農民は村を捨てて江戸や大坂などの都市部に大量に流入。民衆が米を求めて大商人や米屋を襲う「打ちこわし」も頻発した。

このときの対応の不備が田沼の失脚へつながることになる。

153
「打ちこわし」の大量発生

蔦重の耕書堂が繁栄していた時代は、全国的に見れば、混乱が相次いだ時代だった。ちょうど「寛政の改革」が始まる一七八七年、全国で発生していたのは「天明の打ちこわし」である。

「打ちこわし」とは民衆が富豪の店を襲撃し、財産を略奪する行為。これが全国三十か所で発生した。

江戸商人の繁栄をよそに、地方はかなり行き詰まってもいたのだ。飢饉などにより農村から江戸に、人口流入もしていた。食えなくなって都会にやってきていたのだ。

食えない状況では本を読んだり、遊ぶことは難しい。

蔦重が路線変更せざるをえなかったのも、こうした時代の変化が背景にはあった。

遊郭のスターから、庶民のスターに向かわざるをえないのは、世の流れでもあったのだ。

あの「暴れん坊将軍」と凡庸な子孫

田沼意次を用いたのは、徳川九代目将軍、家重《いえしげ》。その父親は、暴れん坊将軍のモデル・徳川吉宗《よしむね》である。

吉宗といえば、江戸の将軍の中でも名君とされる人物。質素・倹約を追求した「享保《きょうほう》の改革」を実行し、江戸の法制を整備。安定的な政権を築く。

しかしその息子、家重はといえば、生まれつき体が弱く、言語障害ももっていたという。政治にも関心がなく、一切を田沼意次に任せた。四十九歳の短い人生を閉じる前に、長男の家治に将軍職を譲る。

その息子、十代将軍家治も政治に興味がなく、将棋などの趣味に没頭して勝手な生涯を終える。あまりにカリスマすぎた吉宗の時代の影響が、結局は後継者たちを無能にしてしまったのである。

155

十一代将軍・家斉と松平定信

十代将軍家治四十九歳で病死、十一代は、分家である一橋家の徳川家斉が、将軍職を継ぐことになる。

彼は「天明の大飢饉」で財政難を引き起こした田沼意次を罷免し、松平定信を老中に抜擢した。そして、本書で何度も登場する「寛政の改革」を推し進めることにする。

松平定信が理想としたのは、将軍の威光が輝いていた吉宗の時代。つまり、質素が理想とされ、厳格な正義が貫かれていた時代だ。吉原で育った蔦重たちと、考え方が相反するのは、当然のことだっただろう。

ただし厳格な定信は、やがて将軍・家斉と対立することになり、わずか六年で罷免される。

156
定信がお手本とした吉宗時代

松平定信の「寛政の改革」は、先時代のカリスマ、徳川吉宗の「享保の改革」に倣《なら》って行われたものだった。当時の「清く正しい時代」に江戸を戻したいという気持ちが、定信にはあった。

では吉宗が出版統制を行ったのかといえば、やっている。彼は、徳川幕府を批判する本と、やはり公序良俗を乱す出版物を規制している。なかでも人気だった「枕絵（春画）」や「好色本」に関しては、取り締まりを強化して発行を止めた。

ならば吉宗の時代は、「清く正しく」なったかといえば、そうではなかった。これらを愛する江戸庶民は、規制の抜け道を工夫し、絵師の名前を隠したり、隠号にしたりして出し続ける。

やがて木版画の多色刷りが発明されたことにより、蔦重の時代にはフルカラーの「枕絵」が秘密裏に売られるようになったのだ。

157
「枕絵」の時代と蔦重

松平定信が登場して規制をかけるギリギリ一歩手前、実は江戸では「枕絵」のピークが訪れていた。それを演出したのは、蔦重とも親交のあった大御所、美人画の大家・勝川春章と、もう一方の役者絵の大家・鳥居清長である。

そもそも勝川春章は、美しい女性を見事に描く一方で、性器の顔をした妖怪が百鬼夜行のようにゾロゾロ登場する〝とんでもない絵〟を描く枕絵大好き巨匠。実際の役者をモデルにした枕絵を堂々と描き、当人たちから大顰蹙《だいひんしゅく》をかったこともある。

一方の鳥居清長は一七八五年頃に「枕絵の最高傑作」とされる、美しい『袖《そで》の巻《まき》』を描き、話題になった。

その後、蔦重が喜多川歌麿に『歌まくら』を描かせるのが一七八八年。「寛政の改革」が始まったのは、一年前の一七八七年である。彼らは時代に一歩、遅れたことになる。

158

「筆禍」を受けた意外な書

寛政の改革の時代、蔦重たちは「公序良俗を乱す」ということで筆禍を受けた。その対象は、幕府を揶揄した書や、吉原を描いたアダルトな本の類である。

それとは別に、発禁処分を受けた有名な書がある。林子平《はやししへい》の『海国兵談《かいこくへいだん》』だ。『海国兵談』は当時、南下政策を模索していたロシア帝国の脅威を警告した書。仙台藩に仕えていた学者だった彼はその可能性を進言するが、藩からは受け入れてもらえない。そこで江戸に出て、須原屋市兵衛《すはらやいちべえ》の版元から自費出版した。

幕府にとってみれば、無策を批判されたうえ、さらなる混乱を引き起こす結果になりかねない。そこで版木まで没収する処分をしたのだ。

一方で幕府は、江戸湾の海防強化を施すことになる。彼の努力は、一応は報われたといえる。

159 オランダ画を学んだ北斎

喜多川歌麿の『歌まくら』の中に、オランダ人の夫婦が交じり合っている奇妙な絵がある。その様子は〝官能的〟というより〝不気味〟。だが、当時、異国人を奇妙だと感じていた庶民は、好奇心と笑いでこの絵を眺めたのではないか。

ご存じのように、江戸幕府が西洋に門戸を開いていたのはオランダのみ。基本は長崎在住を余儀なくされていたが、謁見のため、江戸を訪ねる者もいた。

のちに世界で絶賛される浮世絵だが、日本の絵の価値を下げてはいけないと、代金を値切ったシーボルトに、葛飾北斎が絵を売らなかったという有名なエピソードがある。そんな葛飾北斎は四十代くらいのときにオランダ画を学び、自身の絵に遠近法を取り入れていた。

蔦重の周りでも、〝世界〟はちゃんと意識されていたのである。

160

全国各地にあった遊郭

江戸時代、遊郭があったのは吉原だけでなく、大坂の新町《しんまち》や京の島原《しまばら》、長崎丸山《まるやま》のほか、公に認められた遊郭だけでも全国に二十数か所があったとされる。

そのほかにも幕府の公認を受けていない、「岡場所」が多くあったことは述べたが、山東京伝の『仕懸文庫《しかけぶんこ》』はそんな岡場所の一つ、深川で行われていた遊女の出張サービスを描いた作品であった。

『娼妓絹籭』と『青楼昼之世界錦之裏《せいろうひるのせかいにしきのうら》』などと同時に、この本は発禁処分となるわけだが、よくも非公認の岡場所を宣伝するような作品を出したものだとは、つくづく思う。

それだけ江戸において、「遊女を買う」ということは当たり前に行われていた文化だったのだろう。

161

江戸の町の「男あまり」

江戸で売春業が盛んだった理由に、圧倒的な「男あまり」がある。

当時の江戸の町の人口を見れば、女性十七万八千人に対し、男性は三十二万三千人（南和男『江戸の社会構造』塙書房）。およそ男性数は二倍。独身と有配偶者の割合も、ほぼ一対一であった。

女性が少ないのは、地方からどんどん男の労働者が流れてきたからで、その理由は天明の大飢饉などで、地方が困窮していたことによる。村にいても、そこには食べ物すらない。だから働ける人間は江戸へ出た。

そんな江戸において、風俗に規制をかければ当然、男たちの不満は高まる。蔦重はこれを見越して、男性たちに喜ばれる企画を狙っていたのである。

江戸の男たちに人気のあった仕事

江戸の町に流れついた大量の労働者、彼らは江戸で、どんな仕事をしたか。
蔦重のように商人として働くには、窓口が少ない。やはり人気のあったのは、士農工商の「工」。職人である。

職人の番付表を見れば、番匠大工、刀鍛冶を筆頭に、壁塗左官、畳職人、乗物屋、橋大工、建具師、船大工などが続いている。一番の番匠大工とは、何だろう。

つまり大工の親分。土木現場の監督である。

江戸の町は火事が多かったため、あちこちで家の建て直しがあり、大工の需要は高い。そして現場監督は多くの職人を使うこともあり、大勢からの信用が必要な立場だったのである。だから憧れる人間が多かった。

163

江戸の住宅事情

江戸に大量に流入した労働者たちは、一体どんな場所に住んだのか。

東京都都市整備局の資料によれば、江戸の土地利用で六十八パーセントは武家の所有。十六パーセントが寺社地で、残り十六パーセントが町人の住居区。

一方で、江戸人口百万人のうち、ほぼ半数の五十万人が町人。つまり全体の十六パーセントの区域に、半分の人口が押し込められていたのである。

彼らはたいてい、集合住宅である長屋の一室を借りて住み、服を古着屋で購入して、質素な生活をしていた。それでも知識欲は高く、レンタルで本を借り、人生を楽しんでいたのである。

164
江戸は埋め立てでできた

前項のとおり、江戸では全体の十六パーセントの区域に五十万人が住んでいた。当然、人口が増えれば増えるほど、人が住む場所は足りなくなる。

そこで江戸で頻繁に行われたのが、埋め立てによる土地の造成である。

徳川家康の頃から造成が行われ、湿地や海岸がどんどん住居地に変わっていった。その多くは、日比谷や新橋や品川や日本橋周辺、あるいは六本木や麻布十番など、いまや東京の経済の中心になっている地域だ。

現代でも、ひとたび台風などがくれば、東京の中心地域で冠水が起こったりする。その理由は、もともとが川の底や海の中だったことに関係しているのである。

165

水道の水は江戸の自慢

人口が増え、埋め立てによる造成地が増えれば、そこに水を引く必要もある。だが、井戸を掘れば、湧き出てくるのは塩水という有様だった。

そこで江戸では、大規模な上水道の工事が行われ続けた。最も大きいのは神田上水（当初は小石川上水）と玉川上水で、その他四つの上水から生活区まで水道を通す石製や木製の水道管も整備されていた。

おかげで上質な水が江戸では常に提供されており、「水道の水で産湯《うぶゆ》を使う」とは、江戸っ子の自慢。その上水の終点は吉原の「水道尻《すいどうじり》」という場所にあり、その向こう側では「水屋《みずや》」が水を運んでいた。

火事と喧嘩は江戸の花

「火事と喧嘩《けんか》は江戸の花」という言葉がある。木造建築が密集しているため、火事による災害が多かった江戸の町。しかし、皆が火事見物を喜んでいたわけではない。

〝花〟だったのは火事でなく、「火消し」の仕事。纏《まとい》を振るう姿は時代劇でよく描かれるし、いまでも消防官のシンボルになっている。

彼らの仕事は「火を消す」のでなく、「延焼を防ぐために、周辺の建物を壊す」こと。その豪快さが、「まるで喧嘩のよう」ということで、江戸の名物になったのである。

纏は壊す場所を示すための指標として使われた。ちなみに火消しが刺青《いれずみ》を好んだのは、〝粋〟と〝意気〟を見せるため以外に、焼死して顔が見分けられなくても、刺青を手がかりにするためだった。

なお、火消しは命懸けの仕事であり、周りの人を避難させるために言葉も荒々しくなる。それが度々、喧嘩を引き起こしたことも事実だったようだ。

167 江戸の町の女性たち

大量に江戸にやってきた男性たちに対し、遊女を除けば、江戸で女性向けの仕事が多くあるわけではない。だから江戸の女性は、多くが武家であったり、商家の娘だ。しかも、もともと身分や経済力が高い家だったこともあるが、引手数多の事情があり、女性の地位はかなり高かった。

とはいえ、貧富の差の大きい江戸にあって、娘を持つ家は、できるだけ我が子を裕福な家に嫁がせたいと願う。そこで彼女たちは、小さい頃から行儀見習いの奉公に出されるか、花嫁修業をさせられるのが通常だった。

その花嫁修業というのが、琴や三味線のような音楽や、踊り、書道、茶道、華道など。歌を詠んだり、教養を身につけることも含まれる。

女性たちのニーズに応え、蔦重もこの分野での出版を行っていたのである。

168

蔦重の時代と歌舞伎の盛衰

男性たちにとっての遊女ではないが、江戸の女性たちがアイドル視したのが歌舞伎役者である。彼らを描いた役者絵は、写楽の時代の前から江戸の人気商品だった。

しかし寛政の改革の時代、緊縮財政の影響もあり、庶民はなかなか芝居に足を運べない。結果、中村座など大手の芝居小屋はみな休業に追い込まれ、桐座・都座・河原崎座の控櫓三座での興行を余儀なくされていた。

そんな中で蔦重は写楽の役者絵を発売したのだが、やがて『南総里見八犬伝』などの新しい「長編小説」のエンターテインメントができると、それを原作にした歌舞伎が活性化。

ただし十九世紀の天保の改革では大弾圧を受けることになり、歌舞伎界の苦難は繰り返されることになる。

169
長編の物語がベストセラーに

蔦重の死後、耕書堂は番頭を務めていた「勇助」が二代目・蔦屋重三郎となり、店を継ぐことになった。

その後の江戸では、どんな出版が行われたのだろう。

まず人々はより完成した長編の物語を求めるようになり、製本技術の発展もあって、薄い黄表紙五巻を一冊にまとめた五十ページ分の本が主流になっていく。これが「合巻」と呼ばれるものだ。

その時代に、蔦重の下で修業をした曲亭馬琴と十返舎一九が覚醒。前者はファンタジーの『椿説弓張月《ちんせつゆみはりづき》』や『南総里見八犬伝』で、後者はコメディの『東海道中膝栗毛』で大ヒット。日本初の職業作家となっていく。

残念ながらこれらは皆、蔦屋耕書堂の出版ではないが、二代目以降、四代目まで店は継続し、一八六一年に廃業となった。

170

北斎漫画で成功

蔦重亡きあと、浮世絵は美人画、肖像画の時代から、風景画が人気を得る時代となっていく。歌川広重、歌川国芳といった新しい天才も登場したが、なんといっても頂点に君臨したのは、蔦重が目をかけてきた異才、葛飾北斎だろう。

彼は曲亭馬琴の挿画を描いたことで脚光を浴び、その後の『北斎漫画』で成功。全国を旅しながら、風景画を主体とした絵を描く絵師となる。

『富嶽三十六景』は、七十歳になってから挑戦した富士山の連作。この中にある「神奈川沖浪裏」こと「The Great Wave」は、「モナリザに次いで世界で二番目に有名な作品」とも評価される。北斎はおそらく「世界で最も有名な日本人」だ。

彼が亡くなったのは一八四九年、数え九十歳の長寿を誇った。

171
北斎が描いた蔦重の店

葛飾北斎の死後、北斎が描き、耕書堂からでた狂歌絵本に『東遊《あずまあそび》』というものがある。のちに狂歌部分をカットし、色刷りの『画本東都遊《えほんあずまあそび》』としてリニューアルされた。

この書物は「江戸の名所」を描いたものだが、どういうわけか蔦重の「耕書堂」が描かれている。クレジットこそないが、暖簾《のれん》には耕書堂の文字と、富士山と蔦の葉の商標。店先の行灯には、「通油町／紅絵問屋／蔦屋重三郎」といった文字も入っている。

その作品が依頼されて描かれたものなのか、確かなことはわからない。しかし並んでいるたくさんの本を見ても、忙しく働いている店員を見ても、繁盛している様子が大きく伝わってくる。

気難しい北斎だが、ひょっとしたら彼なりに、蔦重への恩返しの意味があったのではないか。

何より彼にとって、「江戸の大切なもの」の一つが、蔦重の店だったのだ。

VII 超訳 蔦屋重三郎の言葉

山東京伝の『箱入娘面屋人魚』序文「まじめなる口上」より、蔦屋重三郎が書いた文の超訳

まずは私の店を皆様にご贔屓いただき、おかげさまで日増しに繁盛し、ありがたいことでございます。

さて、本作の作者の山東京伝が言うには「これまではその時の思いつきで、たわいもない文章を書き散らし、ご覧に入れてきましたが、このような無駄なことに時間と紙を使うのは愚か者のすることで、特に昨年の春などは、世間から悪い評価を受けたことをとても恥ずかしく思い、今年からは絶筆します」と、仕事をきつく断られましたが、そんなことをされてはご贔屓の多い私の店は潰れてしまうので、「ぜひぜひ、今年だけでも書いてくださいませ」とお願いすると、京伝も長い付き合いの私を無視することもできず、意志を曲げて書いてくれることになりました。

したがって洒落本、および絵草紙の新版ができるまでの間、本好きの皆様には目録をご覧の上、お買い求めいただけますよう、ひとえにお願い申し上げます。

（実際の「まじめなる口上」）

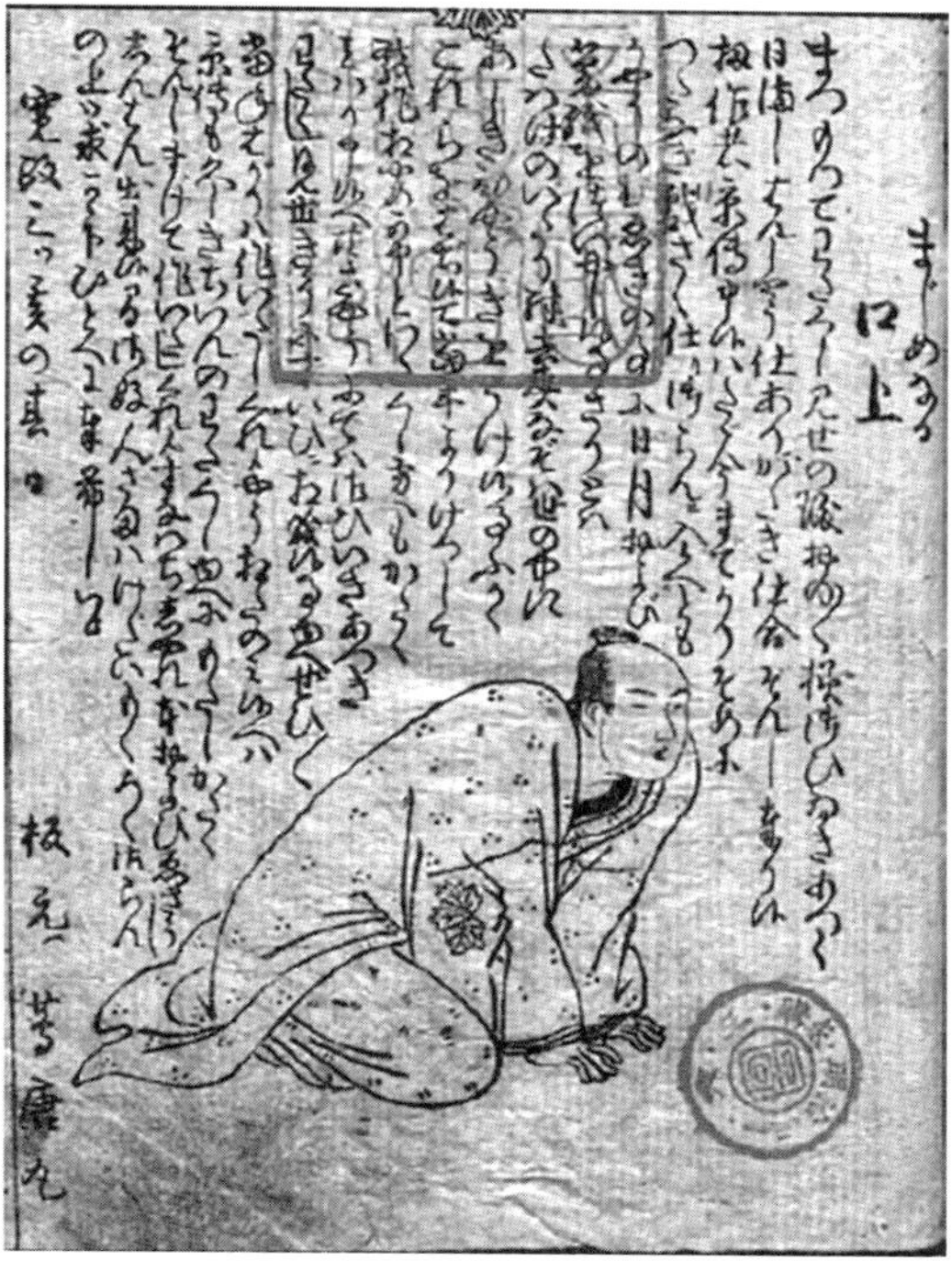

（国立国会図書館蔵）

曲亭馬琴の『近世物之本江戸作者部類』より、蔦屋重三郎について触れた言葉

顧《おも》ふに件の蔦重は風流もなく文字もなけれと、世才人に捷《すぐ》れたりけれは当時の諸才子に愛顧せられ、その資によりて刊行の冊子みな時好に称《あ》ひしかは、十余年の間に発跡して一二を争ふ地本問屋になりぬ。

（超訳：思うに、かの蔦重はセンスもなく、学識もないけれど、処世術に優れており、当時の知識人たちに愛され、彼らの協力によって刊行した本がすべて評判になったため、十年ちょっとの間に日本橋に店を構え、江戸で一、二を争う地本問屋になった。）

曲亭馬琴の『近世物之本江戸作者部類』より、蔦屋重三郎について触れた言葉

蔦唐丸

寛政中通油町なる書肆蔦屋重三郎【名は柯理《からまる》】の狂名也。天明の年四方山人社中の狂歌集に唐丸の歌あれとも自咏にあらす。別人代歌したる也。

（超訳：蔦唐丸とは？　寛政中期、日本橋通油町にある本屋、蔦屋重三郎【幼名は柯理】の狂名である。天明の年、四方山人（大田南畝）一派の狂歌集に、「唐丸の狂歌はあるけれど、自作ではない。別人が詠んだ狂歌だ」とある。）

曲亭馬琴の『近世物之本江戸作者部類』より、蔦屋重三郎について触れた言葉

天明寛政の間（中略）通油町なる地本問屋鶴屋蔦屋二店にて毎春印行せる臭草紙は、必作者を択むをもて、前年の冬より発兌して、春正月下旬までに、二冊物三冊物一組にて、一万部売れさるはなし、そか中にあたり作ある時は、一万二三千部に至ることあり、猶甚しく時好に称ひしものあれは、そを抜出て別に袋入にして、又三四千部も売ることありといへり。

（超訳：天明寛政の間（中略）通油町の地本問屋、鶴屋と蔦屋の二店で、毎春刊行している草双紙は、必ず作者を吟味し、前年の冬に発行して、翌年の正月下旬までに、二冊物、三冊物一組で一万部売れなかったことはない。その中にヒット作があるときは、一万二、三千部に届くこともある。なお、大ヒットするものがあれば、それを抜き出して別に袋入りにして、さらに三、四千部も売ることがあると言った）

山東京山の『山東京伝一代記』より、蔦屋重三郎について触れた言葉

板元蔦屋重三郎大腹中の男子なれば、御咎もさのみに思ざる気色《けしき》なりし

（超訳：版元の蔦屋重三郎は、肝の据わった男なので、幕府のお咎めもさして気にしていないようだ）

市場通笑の『即席耳学問』より、蔦屋重三郎が登場したシーンの文章

蓼くふ虫もすきずきのみちは馬鹿馬鹿しいと二三年やめた所へ、蔦重が馮《たのみ》に例の教訓異見のうつとうしいも随分承知之助《ずいぶんしょうちのすけ》と板元《はんもと》のほうからしやれかけるを、どつこいそこを虎の皮千里《せんり》も走る大ぼやむきの趣向《しゅこう》にせず、意地にかかつてしやつきばり、いつもの癖《くせ》の十割まし、たつた一ツの心当《こころあて》、第一の得意は御子様《おこさま》がたへ御祖父《おじい》さん御ばあさん御みやげに持よひ、さし合きん物のないところを尻もちして通笑みづから述る

（超訳：蓼食う虫も好き好き（好みは人それぞれ）というやり方は馬鹿馬鹿しいと、二、三年やめていたところへ、蔦重が頼みに来て、いつもの教訓物に飽き飽きされていることは「随分承知之助（重々わかっております）」と、版元のほうから洒落てきた。「虎は千里を走る」のたとえ通り、勢いづいてさらに趣向にし、意地でも力を入れて、いつもの癖を十倍に膨らませ、一番の得意先は、さしあたり進物のないところを、祖父母がお子様方への土産に持参することだと言う）

恋川春町の『吉原大通会』より、蔦屋重三郎が登場したシーンの文章

かかるところへにほんづつみに葉もしげるつたのから丸というきよう哥しあらはれいでてねがつて申さく、ソレはつ雪に狂哥もさることながら、どうぞなるならこの御人数で十一まくのきよう言をそくあんじのそくがきと、硯とかみをさしつけける

（超訳：この場所に、日本堤（吉原のこと）に葉も繁る、蔦唐丸という狂歌師がやってきて頼むには、「初雪の狂歌も素晴らしいですが、どうかできるならお集まりの皆様で、十一幕の狂言を即興で書いていただけませんか？」と硯と紙を差し出した）

稗史を好む者、皆耕書堂を称す

（超訳：小説などを好む人々は、皆、耕書堂の名を挙げる）

大田南畝による蔦屋重三郎の実母の墓碑の文章より

為人志気英邁　不修細節　接人以信

（超訳：意欲的で叡智に優れ、細かいことにこだわらず、信用できる人物だった）

宿屋飯盛による蔦屋重三郎の墓碑の文章より

曲亭馬琴の『近世物之本江戸作者部類』より、蔦屋重三郎について触れた言葉

世に吉原に遊びて産を破る者は多けれど、吉原より出て大賈になりたるは、いと得がたしとみないひけり

（超訳：「世の中に吉原で遊んで財産を無くす人は多いけれど、吉原生まれで大商人になった人は他にいない」と皆が言っている）

『戯作者小伝』より、蔦屋重三郎について触れた言葉

唐丸は頗《すこぶる》侠気あり。故に文才ある者の若気に放蕩なるをも荷担して、又食客となして財を散ずるを厭はざれば、是がために身をたて名をなせし人々あり。蜀山老翁うた麿馬琴抔其中也。又己が名をあらはれたるも其人によりてなりとぞ。

（超訳：唐丸（蔦重）はとても男気がある。従って文才はあるけれど若気の至りで放蕩三昧なのも助け、家に住まわせ、金を使うことも嫌がらなかったため、身を立てて名をなした人々がいる。大田南畝、喜多川歌麿、曲亭馬琴など。また、蔦重が有名になったのは、その人たちによってそうなったのだ。）

巻末〈特別図録〉

『一目千本』北尾重政

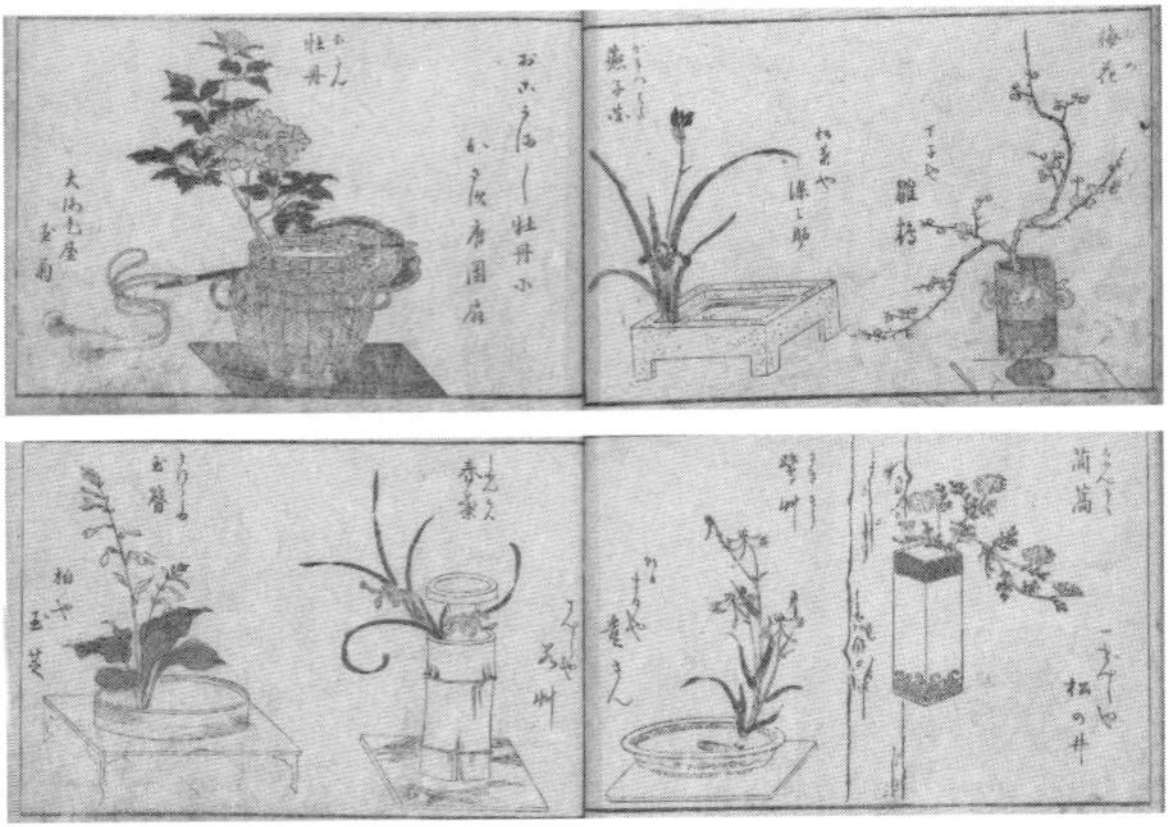

（大阪大学附属図書館所蔵）

『画本虫撰』喜多川歌麿

（国立国会図書館蔵）

『江戸三美人・富本豊雛、難波屋おきた、
高しまおひさ』喜多川歌麿

出典：ColBase（https://colbase.nich.go.jp）

『青楼十二時 午の刻』喜多川歌麿

出典：ColBase（https://colbase.nich.go.jp）

『市川鰕蔵の竹村定之進』
東洲斎写楽

出典：ColBase（https://colbase.nich.go.jp）

『三代目瀬川菊之丞の田辺文蔵妻おしづ』
東洲斎写楽

出典：ColBase（https://colbase.nich.go.jp）

『吉原大通会』恋川春町

（国立国会図書館蔵）

『画本東都遊』葛飾北斎

（国立国会図書館蔵）

主な参考文献

鈴木俊幸『蔦屋重三郎』平凡社ライブラリー
鈴木俊幸『江戸の本づくし』平凡社
「図録 歌麿・写楽の仕掛け人 その名は蔦屋重三郎」サントリー美術館
松木寛『蔦屋重三郎―江戸芸術の演出者』講談社学術文庫
鈴木敏夫『江戸の本屋（下）』中公新書
「別冊 太陽 蔦屋重三郎の仕事」平凡社
今田洋三『江戸の本屋さん―近世文化史の側面』平凡社ライブラリー
飯島虚心著、鈴木重三校注『葛飾北斎伝』岩波文庫
「歴史人2023年12月号増刊 蔦屋重三郎とは、何者なのか?」ABCアーク
山口桂三郎『浮世絵の歴史―美人絵・役者絵の世界』講談社学術文庫
柘いつか『成功する男はみな、非情である。』だいわ文庫
柘いつか『成功の波に乗る法則』中経出版
柘いつか『デキる男はやっている 大物の肝をつかむ処世術』ビジネス社
柘いつか『一流のサービスを受ける人になる方法』知恵の森文庫
柘いつか『一流のサービスを受ける人になる方法 極（きわみ）』知恵の森文庫
車 浮代『蔦屋重三郎と江戸文化を創った13人』PHP文庫
車 浮代『蔦重の教え』双葉文庫

車浮代『Art of 蔦重』笠間書院
車浮代『蔦重の矜持』双葉社

車 浮代（くるま・うきよ）

時代小説家/江戸料理文化研究家。

1964年大阪生まれ。大阪芸術大学卒業後、東洋紙業でアートディレクター、セイコーエプソンでデザイナーを務める。

その後、第18回シナリオ作家協会「大伴昌司賞」大賞受賞をきっかけに会社員から転身、映画監督・新藤兼人氏に師事し、シナリオを学ぶ。現在は作家の柘いつか氏に師事。

ベストセラーとなった小説『蔦重の教え』（飛鳥新社／双葉文庫）と続編の『蔦重の矜持』（双葉社）のほか、『Art of 蔦重』（笠間書院）、『居酒屋 蔦重』（ORANGEPAGE MOOK）、『蔦屋重三郎と江戸文化を創った13人』（PHP文庫）など、著書多数。

江戸時代の料理の研究、再現（1200種類以上）と、江戸文化に関する講演、NHK「チコちゃんに叱られる!」「美の壺」「知恵泉」「歴史探偵」等のTV出演やラジオ出演多数。

2024年春、江戸風レンタルスタジオ「うきよの台所 —Ukiyo's Kitchen—」をオープン。江戸料理の動画配信も行っている。

公式サイト
http://kurumaukiyo.com

蔦屋重三郎の慧眼《けいがん》
エッセンシャル版

発行日　2025年2月21日　第1刷

Author　車浮代

Illustrator　市村譲

Book Designer　LABORATORIES

Publication　株式会社ディスカヴァー・トゥエンティワン
〒102-0093　東京都千代田区平河町2-16-1
平河町森タワー11F
TEL　03-3237-8321（代表）　03-3237-8345（営業）
FAX　03-3237-8323
https://d21.co.jp/

Publisher　谷口奈緒美

Editor　大田原恵美

Proofreader　鷗来堂

DTP　浅野実子（株式会社いきデザイン）

Printing　日経印刷株式会社

ISBN978-4-7993-3123-1
TSUTAYA JUZABURO NO KEIGAN by Ukiyo Kuruma